# 瞽女力入門

国見 修二

題字　岡田凌雲

# はじめに

## その言葉のなかに現代を生き抜くヒントがあった

**「親は娑婆の弥陀如来だ」** 杉本キクイ

**「良い人と歩けば祭り　悪い人と歩けば修行」** 小林ハル

瞽女さんて何？どう読むの？

読めなくて普通。瞽女は、ごぜと読む。漢字で書けといわれてもなかなか書けない。瞽女とは、簡単に言えば目の見えない女性が三味線を弾き、瞽女唄を歌い、その報酬としてお金やお米をもらって生活していた女性だけの集団といえる。

瞽女さんは全国にいたが、最後まで残ったのは越後瞽女だった。昭和四十年代までにほぼ、現役の瞽女さんは姿を消した。

しかしながら、今でも瞽女さんの生き方に魅かれて、三味線や瞽女唄を継承したり、それを聴き求めたりする人が多い。

上越市では、「瞽女ミュージアム高田」が平成二十七年にオープンして、瞽女文化の発信基地としての役割を果たし、全国各地からたくさん来館するようになった。また、台湾やヨーロッパなど外国の人も姿を見せ始めている。

さらに、令和二年には、瞽女さんの生き方に感銘を受けた瀧澤正治監督の映画「瞽女GOZE」が公開となった。

「瞽女さんの生き方から人生を好転できた」「その生き方は自己反省を促す」「目の視えない瞽女さんに助けを求めているのは五体満足の自分だった」などと、現代に生きる私たちは「瞽女さんの生き方」を自分の心のなかに取り込もうとしている。

目が見えない瞽女さんから、学ぶものなどあるのだろうか。ある。ある。ある。

それもたくさん、たくさん!!

水上勉氏は語る。

「盲目の幼少時から、本一冊読んだことのないこの瞽女の口から、私たちが万巻の書をさがし求めても出てこない人生哲学が語られる」と。

瞽女さんの日常生活の言葉から、旅に出て村人と交わした言葉から、三味線や唄の稽古時から、手引きに引かれてその背中に手を添えて歩く道中から、また健常者でも登るのが大変な峠道を越えるときに……などその時々の瞽女さんの発した言葉から、黄金のような学びを私たちは得ることができるのだ。それをほんの少しでも「ああそうか」と、ひとつだけでもできることを実行するだけで、人生は拡がり豊かな心持ちになる。

それはまさに瞽女力なのだ。瞽女唄を村人が聴いたように、その言葉を素直に感じ取ればよい。たった一回きりの人生を、少しでも心豊かに過ごすために。

ここでは、越後瞽女を代表する杉本キクイ、小林ハルさんの言葉を中心に、瞽女さんの言葉を六十一、瞽女さんと深く関わっていた村人や家族の言葉を二十、瞽女さんの生き方に感銘を受けた人々の言葉十一の合計九十二の言葉を紹介する。

目次

はじめに―その言葉のなかに現代を生き抜くヒントがあった　3

第一章　お陰様の精神で心かろやか　15

1　いつも神様や仏様がお前を見つめていなさるから、きちっと務めてこい
2　来なさったら、ごちそうと、風呂を焚いてやんなされ
3　ひとりの力ではなく、みんなの力です
4　瞽女宿を断ってしまったんだがねえ、婆ちゃんはそのことを今でも気に病んでいるんだわい
5　おまえさんたち、よく来たっけのう。達者でえしたっけ早く上がって休まっしゃれ
6　今度は自分の目が見えなくなると、初めて目の見えない人の気持ちがわかるようになりました
7　あの連中だって一生懸命うたってるし、生きているんだ

8 私の長い、旅から旅の一生にもらったご褒美だ
9 人様には悪いこと、いやなことをしないようにしてきました
10 瞽女さんというものは、ふたりによって一人前なのだから、
みんな手をつないで生きなくてはならん
11 気心の許せる人とだったら、どんな目に遭っても辛抱できる
12 越後のどこも古里だ

第二章 **張り合いのある一日を過ごす** 41

13 おら瞽女のほかに何もできるもんがない
14 あーあ、久しぶりに歌った。胸のつかえがみーんな取れた
15 静かな夜の温泉が一番好きだった
16 人は生きている間、人様には親切にしておくものだ
17 誰もが苦しい時代だったが、人の心はやさしかったね
18 旅で辛いのは雨や雪ではない。辛い言葉をかけられることだ
19 瞽女とにわとりは死ぬまで歌うものだ
20 考えてみると、六十数年間のほとんどは旅にあけ、旅に暮れた生活であった
21 私さへ悪いことをしなければそれでいい
22 本当の親子だと思って、お互い心を合わせ暮らされればそれでいいんだわね

第三章　シンプルな生活で心すっきり　63
23　瞽女の生活に、禅宗坊主の日常規範が生きているのである
24　風が季節の音や匂いを運んでくれる
25　どんな人にどこ見られているかわからんでしょ
だからとにかく身なりには十分気を付けたんだよ
26　おら少しもおっかなくなんかねかった。神様のそばだから
27　オンアビラウンケンソワカ
28　すると、やはり、瞽女はまことにすばらしい人間群であったのだ
29　おいしくいただきました。大変ご馳走になりました
30　正直に一生懸命生きていれば、神様が見ていて必ずお陰をくださる
31　家を出るときから裸足なら、途中で会うたぬかるみも温こうなるわいの
32　わたしらお金とるなんて気ないから、こうして返しにきたのさ
33　誰もいなくたってちゃんと神様が見ているから、怠けて遊んだり
しているとばちがあたって、おまえの体が動かなくなってしまうぞ

第四章　ひとりの人間―主体者として生きる　87
34　人間は諦めひとつ、諦めれば思うことない

35 自分の唄で人をこんなにも喜ばすことができるのだ
36 愛称として〝くそばばア〟というんですがね
37 目のあいている人の語りは下手だなあー
38 何が人の幸せかわかりません
39 目が不自由なのに唄も歌うし三味線も弾く。人間は一生懸命になれば
どんなことでも乗り越えられるんだぞ
40 おまん（あなた）は目が見えないから、
アンマさになるか、それとも瞽女さになるか
41 人さまに施したほうが気持ちいいっていうもんさね
42 戦争っていうのは人の心もなんもすっかり変えてしまうもんなんだね
戦争って……憎いね
43 唄が楽しいなんて思ったことは一度もない
44 どんなに辛いときでも祈りと感謝をすれば、必ず神様が守ってくれる

**第五章 人をそらさぬ勘の良さを鍛える** 111

45 ありがとうございます。いいにおいだ
46 わたしはあんじょさんの気持ちと一番ふれあった
47 農家が宿だから、まるで気安くて家族みたいにしてくれて幸せだった

48　ごぜさ親身になって聞いてくらっしゃるもの
49　どんなにせつなくても、これが親心というもんでしょ
50　根本で、みんな仲良くするという考えが一番大切だと思います

第六章　畏敬の念を持つ　125

51　瞽女の百人米という
52　瞽女んぼさの米は精がよくて子供に食わせると風邪ひかねだんがのう、不思議だのう
53　お蚕さんもよろこぶだいなあー、さあさあお上がりないしー
54　瞽女さん、桑の葉とりにきてくれないか
55　だって下駄の音聞けば、目がみえんかて、月夜でも闇夜でもわかるわよ
56　盲目の女たちは、米ビツに手を入れて、米の温かみで古米を知ることができた
57　前の娘の足音を聞けば、石ころがどっちにあり、くぼみがどっちにあるぐらいは、はっきり解る

第七章　修行は自分のため　人のためになる　141

58　良い人と歩けば祭り　悪い人と歩けば修行
59　ありったけの声を出して怒鳴るように歌うわけです

60　唄も三味線もおまん（あなた）の飯の種になるんだ
61　おらの子どものころは、いいことも悪いことも、
瞽女さの話をされたもんだわい
62　人の世話になるんだから、何でも我慢せ
63　必要とされなくなったら瞽女も人間も終わりなのだ
64　本当の親だからこそ愛情があるからこそ親は厳しくしつけたのだ
65　一度聞いたら一度で覚えろ
66　ザブンザブンという波音が恐ろしゅうて一生懸命うたいました
67　たとえおまえが悪くなくても、負けなければならないんだぞ
68　やっぱり毎日稽古をしている人は、自ら上手になりなさるコテ
69　稽古しなけりゃ裏の木に縛るぞ、そうしりゃムジナに食われるぞ

## 第八章　自己肯定感を持つ　167

70　せっかくこの世に生まれてきたがに、精一杯楽しく生きなけりゃ損だが
71　目の見える人は、生まれた日があっていいなあ
72　桃上がれ　瞽女さん桃上がれ
73　親は娑婆の弥陀如来だ
74　おら、おら母ちゃんに会いたい

75　自分の心さへ汚さなければ、人様の温かい真心が見えて
　　素晴らしい人に出会う
76　打たれれば打たれるほど、はね返す力を身につけ、逆境をも
　　明るさに転化させてしまうエネルギー……

## 第九章　福祉の視点で人間関係が好転する　183

77　ゴゴゴー、聞きなれねえカッコーが来たのし、
　　はい、こんにちは、まめでいたかい
78　目の見えるもんが落として、目の見えないものに拾ってもらった
79　瞽女様、宿がないんだかね。ないようだったら百人泊めの宿を教えてやるわね
80　そんな自分が情けなくて涙があふれてきた。─もう一度生きてみよう
81　私はこれほど美しい唄を聴いたことはありません
82　心の目で見る瞽女そのものでした
83　瞽女唄を披露することで、多くの人を癒した行為は「布施」という
　　仏の教えを実践してきたといえる
84　孫たちは小学校三年生と一年生だが、このふたりに生きた
　　教育になっている
85　今も待っているての……俺らのごぜが来ない来ない、

と言って待っているての
86　健常者と障害者がともに生きるノーマライゼーションが
生まれていたのである
第十章　**夢を持つこと**　205
87　次の世には虫になってもよい。明るい目さへもって生まれてきたい
88　目が見えないのに鏡を持っているのが不思議でした
89　今度生まれてくるときは白鳥になりたい
90　もしも、もう一度生まれかわれるんなら、目明きの普通の娘になって
毎日を送りたい
91　また旅に出たい
92　彼女（ハルさん）の過酷なまでの生き様に強い衝撃を受けました

あとがき　220

# 瞽女の旅支度

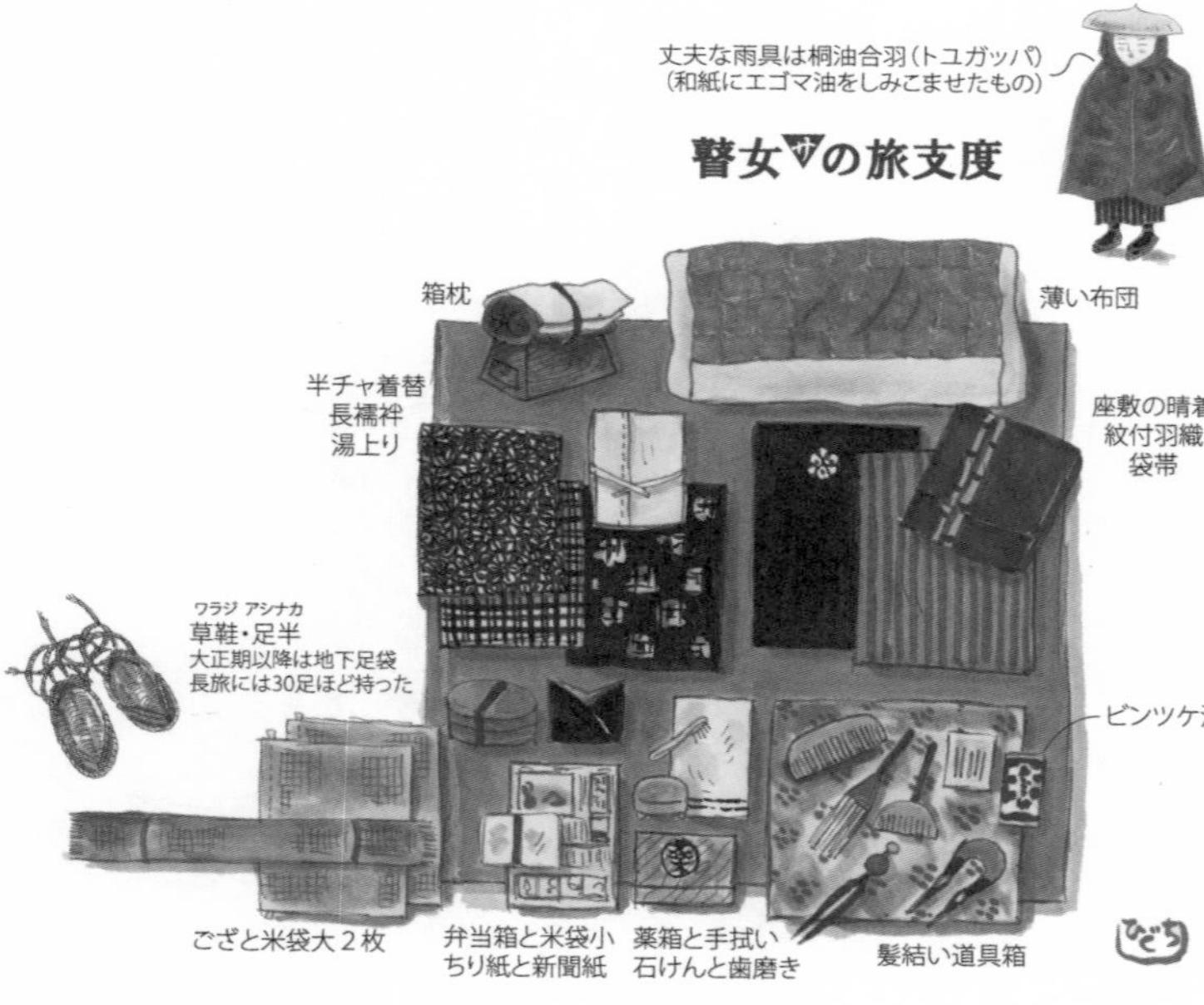
丈夫な雨具は桐油合羽（トユガッパ）
（和紙にエゴマ油をしみこませたもの）
箱枕
薄い布団
半チャ着替
長襦袢
湯上り
座敷の晴着
紋付羽織
袋帯
草鞋《ワラジ》・足半《アシナカ》
大正期以降は地下足袋
長旅には30足ほど持った
ビンツケ油
ござと米袋大２枚
弁当箱と米袋小
ちり紙と新聞紙
薬箱と手拭い
石けんと歯磨き
髪結い道具箱
ひぐち

# 第一章

# お陰様の精神で心かろやか

## 1　人は誰でも幸せを求める

**いつも神様や仏様がお前を見つめていなさるから、きちっと務めてこい**

ハルの孫じい様

人は誰でも幸せを求める。今の辛い生活から一歩抜け出し、いつかきっと幸せになりたいと願っている。小林ハルさんは、フジ親方からの理不尽な要求や人間関係など長い修行生活が続き、幸せな生活はすぐには訪れなかった。

**いつも神様や仏様がお前を見つめていなさるから、きちっと務めてこい**

孫じい様からの言葉だ。寒稽古や旅に出る前に、ハルに言い聞かせた。素直なハルは、その言葉を生涯信じ続けた。

「そのつもりで一生懸命尽くしてきました。だから今こうして楽な生活ができると思っています」。新潟県胎内市の養護盲老人ホーム〝胎内やすらぎの家〟に入居してから、ようやく落ち着いた幸せな生活が訪れたのだ。

辛いときに、この言葉の重みを考える。神や仏もないかもしれないが、それでも誰かが自分を見ていると思えば、我慢できる。神様や仏様を、父母や恩師、太陽や自然などに置き換えてもよい。すると、辛さを乗り越えることができる。いつかきっとの想いを持ち、目の前のことをやり遂げる。幸せを求める権利は、平等だ。

## 2　心から出迎える

来なさったら、ごちそうと、
風呂を焚いてやんなされ

越後の村人

娯楽が少なかった農村の人々は、長い冬の雪解けを待つように、瞽女さんがやって来るのを待ち続けた。瞽女さんが、「何月何日に行きます」と手紙を書くわけではない。毎年同じころツバメが村にやって来るように、「そろそろかな」と、そわそわしながら瞽女さんを待っているのだ。

**来なさったら、ごちそうと、風呂を焚いてやんなされ**

「下の村で瞽女さんを見たぞ」

「それじゃあ、あと、二、三日もすれば瞽女さんがござるな」

このような会話が村から村へと伝わり、そろそろこの村にも瞽女さんが来ることを知るのだ。

旅の者にとって有難いのは、ごちそうとお風呂はもちろんだが、何よりも迎えてくれる村人たちの心持ちなのだ。その迎えてくれる心こそ、瞽女さんが難儀な山道を乗り越えるエネルギーとなった。それは、人と人との黄金の関係といってよい。

その関係を今の生活に取り戻す。心イキイキする瞬間だ。

3　お陰様の意識

# ひとりの力ではなく、みんなの力です

杉本キクイ

昭和四十年、杉本キクイ、シズ、それに難波コトミの高田瞽女杉本家の三人は、「文部省芸術祭・民俗芸能部門」出演のために上京した。そこで越後瞽女の存在を都会人に知らしめ感嘆させた。昭和四十五年には、杉本キクイさんは刈羽瞽女の伊平タケさんと一緒に無形文化財として文部省から認定された。昭和四十八年には、黄綬褒章を受章した。

## ひとりの力ではなく、みんなの力です

黄綬褒章を受章したとき、キクイさんは、こう言って自分だけの手柄とはせず、瞽女仲間全員のお陰だと涙ぐんだという。気持ちのなかには、瞽女さんの仲間と一緒に苦労しながら一生懸命に生きてきたのだ、との思いがあったに違いない。皆のお陰で今の自分がある、縁の有難さと感謝の心が持てるキクイさん。自分ばかりでなく相手を思い気遣う気持ちは、周りからも尊敬された。

「人様にお世話にならなければ生きていけない」という瞽女さん。それゆえ、お陰様の意識は常にあったことだろう。今、私たちはその「お陰様」の言葉をかみしめる。すると心はかろやかになり、平穏が訪れる。

4　申し訳ないと思う心を持つ

**瞽女宿を断ってしまったんだがねえ、婆ちゃんは**
**そのことを今でも気に病んでいるんだわい**

信州の瞽女宿の人

高田瞽女は、信州をよく旅した。毎年決まったコースをやって来て、行きつけの瞽女宿に泊まった。

戦後に瞽女さんが信州にやって来たときの話。瞽女宿の家族のひとりが胸を病んでいたので、瞽女さんに病気をうつしてはいけないと、お婆さんが気を利かせて宿を断ったことがあった。

**瞽女宿を断ってしまったんだがねえ、婆ちゃんはそのことを今でも気に病んでいるんだわい**

当時のことをあまり話したがらないお婆さんの代わりに、その長男が話した言葉。何十年も経っているのに、お婆さんは宿を断ったことを瞽女さんに申し訳なかったと、今も思い続けているというのだ。一部の地域には「瞽女宿を断れば不吉なことが起こる」という伝えもあったが「断ってすまなかったな」という想いが、胸のなかにずっとあったのだろう。素直に「申し訳ない」と思う気持ちを持てることが、うらやましくもある。その素直な心こそ宝。

## 5　通じ合う喜び

おまえさんたち、よく来たっけのう。
達者でえしたっけ。早く上がって休まっしゃれ

松之山の瞽女宿の人

松之山（現十日町市）では、瞽女さんのことを「ごぜんぼう」と呼んだ。
ある年、長い道のりを歩き、瞽女宿となっている温泉宿に着いた。すると出迎えの声が聞こえた。

**おまえさんたち、よく来たっけのう。達者でえしたっけ。**
**早く上がって休まっしゃれ**

瞽女さんたちは、この迎える言葉を聞いて、疲れた体がどんなにか楽になったことだろう。心は、ほっこりと安心する。

双方向は情報関係の言葉だが、近年よく使われるようになった。一方通行の反対で、発信と受信がうまくなされ通じ合うこと。

人間にとってもとても大切なことで、双方向で通じ合うとき、心が安定し安心できる状態となる。瞽女さんたちは、「よかった。今夜も一生懸命歌うぞ」と思ったことだろう。迎える心、迎えられる心がひとつになるとき、人は喜びを実感できる。

宿の人は「疲れしゃたのし……くたびれて、いさっしゃるが……そんだにいっぱい歌わねーとて、いいけのし」と労わってくれたという。通じ合う喜び。

6　人の痛さを知る

# 今度は自分の目が見えなくなると、初めて目の見えない人の気持ちがわかるようになりました

杉坪薬師日光寺へお百度参りに来た人

東頸城（現上越市）にある杉坪薬師日光寺は、目の病気などを治すご利益があることで知られ、当時は県内外からも人が集まった。お百度参りは、お寺に住み込みで行った。杉本キクイさんは、目が見えなくなった六歳のときに母親と一緒にここに来てお参りした。そして二回目は二十歳のときに、胃の調子を治すためやって来た。（あわよくば、目も見えるようにとの期待もあった）この二回目のときに一緒になったお百度参りの人は、お嫁に行ってから目が見えなくなってしまったという。その人は、それまで目が見えていたので、「わたしの目が見えるときは、盲人を見ると馬鹿にしたりしておかしかった」が、

**今度は自分の目が見えなくなると、初めて目の見えない人の気持ちがわかようになりました**

と、人の気持ちを理解できるようになったという。

「わが身をつねって人の痛さを知れ」という言葉がある。簡単にはできないが、相手の立場になり想像力を発揮することで、その人に寄り添うことができる。

## 7　決して差別はしない

# あの連中だって一生懸命うたってるし、生きているんだ

宮崎家　瞽女宿の旦那

大地主の瞽女宿、宮崎家の出来事。キクイさんたち高田の瞽女さんは、ここにお世話になり、夜の出番を待つが声がかからない。同じ宿には、山瞽女も泊まっていた。とうとう最後まで出番なく、キクイさんたちは眠って朝を迎えた。

翌朝、赤倉カツさんが旦那に「でも旦那、昨日はわたしら隣に控えていたのに、どうして呼んでくれなかったんですか」と尋ねると、

「山瞽女さはみんなひとりぽっちのはなれ瞽女さだろう。かわいそうな身の上じゃないのか。それでもあのようにわざわざ訪ねてきなるんだよ」と言った。

**あの連中だって一生懸命うたってるし、生きているんだ**

山瞽女の後に唄の上手な赤倉カツさんが歌ったら、山瞽女が恥をかくからとの旦那の見事な配慮があったのだ。なかなかできるものではない。そうだったのかとキクイさんたちは納得して感激し、山瞽女が出発した後に心置きなく旦那の前で歌った。

決して差別はしない心を強く持つ。世の中が分断しつつある昨今だが、人を差別せず、皆がそれぞれの立場で生きていることの有難みを共有する。

8　心と心の邂逅こそ最高のご褒美

# 私の長い、旅から旅の一生にもらったご褒美だ

杉本キクイ

昭和三十九年東京オリンピックの年、キクイさんたちは最後の旅のつもりで昔なじみの庄屋（瞽女宿）へ寄ると、お婆さんがひとりで暮らしていた。

「瞽女さんよく来てくれた。唄もいらん、三味線もいらん、一晩昔の思い出話をしよう」

と、泊めてもらい語り合ったという。そして翌朝、

「これでもう思い残すことはない。なんにもお礼できないが、これは私の形見だと思って貰ってくんない」

と、お婆さんは、挿していた赤い珊瑚のかんざしをキクイさんに渡したという。


**私の長い、旅から旅の一生にもらったご褒美だ**

キクイさんは心から有難く受け取り、残された生涯を髪に挿し続けたという。

「旅から旅の一生にもらったご褒美だ」は、珊瑚のかんざしが高価で特別素晴らしいという思いからでた言葉ではない。宿のお婆さんとキクイさんとの心の邂逅―瞽女をやっていたからこそできたという自負心としての褒美だからだ。人と人との心の邂逅こそ、何よりの宝だ。心つながる人間関係は、生きている喜びそのもの。

9　「人様」と思えばよい

# 人様には悪いこと、いやなことをしないようにしてきました

小林ハル

「人様に迷惑をかけるな」「人様を傷つけるな」と子どものころ、母が私に言った。また、中学校の担任から「人様に迷惑をかけず、自分の好きなことをして生きてていいのだよ」と言われ、何だかほっとした経験がある。

## 人様には悪いこと、いやなことをしないようにしてきました

ハルさんは思い出す。「出会いのなかで、ほかの人から悪いこと、いやなことをされたりしたことは絶対に忘れません」と。そして「自分が弟子に入ったとき、さんざんいやな思い、つらい思いをしてきたけれど、じっと我慢して耐えてきました。だから私は、弟子を大事にしてきましたね」と。

「目には目を、歯には歯を」の逆をいくのだ。耐え忍んで、人に悪いことをしない。「人様」と思うことで、決していやなことをしない覚悟が生まれる。人気の瞽女唄「葛の葉の子別れ」の歌詞に「蝶々とんぼも殺すなよ／露地の植木もちぎるなよ／近所の子供も泣かすなよ」と相手を大事にし、迷惑をかけるなという部分がある。仕返しになってはいけない。人に悪いことをして一生恨まれるより、「人様」の意識を持って接し心を軽くする。

10　助け合って生きる

瞽女さんというものは、ふたりによって一人前なの
だから、みんな手をつないで生きなくてはならん

草間その

瞽女さんが旅をする場合、一番先頭に目が見える手引きと呼ばれる人が歩く。後ろの瞽女さんは、その背中の荷物に指を当てながら一緒に歩く。三人目も一緒だ。それゆえ、先頭を歩く人と気持ちをひとつにしないと、旅を続けることができない。目が見えないハンディを背負いながら生活する瞽女さんは、何よりも助け合って生きることが必要だった。

**瞽女さんというものは、ふたりによって一人前なのだから、みんな手をつないで生きなくてはならん**

弟子を多く取ったという高田瞽女親方の草間そのは、いつも弟子たちにそうお説教していたという。会社でも家族でも、国と国でもこの助け合いの精神が何より必要だ。自分の主張を通し過ぎれば、ことはうまく運ばない。心の安定も消えてしまう。「瞽女さんというものは」を「人間は」に置き換えてもよい。身体的にハンディがある人もない人も、皆で手をつないで生きることができれば、幸せだ。お陰様の精神は、心明るく楽しく生きることに繋がっている。

11　心通じる友を持つ

# 気心の許せる人とだったら、どんな目に遭っても辛抱できる

小林ハル

小・中・高校の不登校は増える一方で、近年は大人になってからの引きこもりも増え続けている。自分が前に進めないときに、もしそこに心通じる友がいたらどうだろうか。人間関係が面倒くさい、ひとりで生きていくという世の中の風潮だが、人間世界は人と人との関わりによって、楽しく過ごせる扉がたくさんある。

## 気心の許せる人とだったら、どんな目に遭っても辛抱できる

瞽女さんの生活は、人間関係なくして成り立たない。泊まる宿、唄を聴きに来る村人、一緒に歩く仲間。皆、人間関係そのものである。そこに人への不信が生まれれば、商売も成り立たなくなる。生身の人間ゆえに、さまざまな困難が出てくるが、そんなときに「気心の許せる人とだったら」どんな困難でも切り抜けられると、ハルさんは断言する。「智に働けば角が立つ。情に棹させば流される。意地を通せば窮屈だ」は、漱石の『草枕』の言葉。住みにくい世の中だが、人は人によって救われる。まず、率直に自分自身をさらけ出せば、それを受け止めてくれる友が必ず現れる。人は人を助けるものだ。

12　心が通じ合う喜び

# 越後のどこも古里だ

金子セキ

村田潤三郎著『瞽女さは消えた—日本最後のごぜ旅日記』には、瞽女さんにアンケート用紙（瞽女宿日記）を持たせて、瞽女宿の人からそこに思い出などを書いてもらったことが記されている。例えば、魚沼地域の人からは、

「瞽女さんの礼儀ひとつでも、その立派であることを後世に伝えてほしい」

「お互いに他人でありながら親類同様、東京のおばさんが来たと家中が思っている」

「私の家と、瞽女さんとの出会いは古く、私の生まれる前からです。（略）祖父から父母、そして私たちと、ずっと瞽女さんと仲よくしております」など、ここに紹介しただけでも瞽女さんを迎える人々の気持ちが伝わってくる。

**越後のどこも古里だ**

心の置き場がある所が、古里となる。長岡瞽女金子セキさんは、最後まで三人で旅を続けた。そこに待つ人々に会いたくて、瞽女唄を歌いたくて。歩いてたどり着く瞽女さんの旅先は、越後のどこも古里だった。

第一章の言葉の引用出典

1『最後の瞽女 小林ハル 光を求めた一〇五歳』川野楠己／日本放送出版協会　二〇〇五年
2『瞽女物語　斎藤真一の世界』斎藤真一／講談社　一九七七年
3「ごぜ歌と歩んだ70年　黄綬褒章の杉本さん」新潟日報　一九七三年十一月七日
4『瞽女さん　高田瞽女の心を求めて』杉山幸子／川辺書林　二〇〇三年
5『越後瞽女日記』斎藤真一／河出書房新社　一九七二年
6『わたしは瞽女　杉本キクエ口伝』大山真人／音楽之友社　一九七七年
7『わたしは瞽女　杉本キクエ口伝』大山真人／音楽之友社　一九七七年
8『瞽女さん　高田瞽女の心を求めて』杉山幸子／川辺書林　二〇〇三年
9『最後の瞽女 小林ハル 光を求めた一〇五歳』川野楠己／日本放送出版協会　二〇〇五年
10『越後瞽女日記』斎藤真一／河出書房新社　一九七二年
11『小林ハル　盲目の旅人』本間章子／求龍堂　二〇〇一年
12『瞽女さは消えた―日本最後のごぜ旅日記』村田潤三郎／新人物往来社　一九八一年

※各章末に引用出典の刊行書を掲載した。
引用文の一部を現代かなづかいに改めた。また、現在では不適当と思われる掲載があるが、当時の表現を尊重し原文のとおりとした。

# 第二章

# 張り合いのある一日を過ごす

13 役割があると心身イキイキ

# おら瞽女のほかに何もできるもんがない

杉本キクイ

高田瞽女最後の親方杉本キクイは、農地解放やテレビの普及などで瞽女としての今までの生活が成り立たなくなり、ほかの瞽女さんたちが廃業するなか最後まで瞽女業を続けた。

**おら瞽女のほかに何もできるもんがない**

キクイ親方の切なる心の声である。自分の役割をしっかりと認識し、瞽女の道を時代の流れに逆らって歩んだ。キクイさんは、瞽女として優秀な人であり女性としても魅力的な人で、一緒になろうと言い寄られたこともあった。しかしながら、「厳しい稽古で培った三味線と瞽女唄」こそが自分の役割だと自覚していた。そこには瞽女業としての道を、一筋に打ち込んできた自負心があった。その強い思いが、結果として最後の高田瞽女といわれ、国の選択無形文化財に指定された。瞽女唄の収録もでき、その研究にも大いに役立った。「ゴゼ唄を忘れたんじゃ、生きてる甲斐がない」も最晩年のキクイさんの言葉。人間には一人ひとり自分の役割がある。それを全うすることで、自信が生まれイキイキとした人生が輝く。

14　人を喜ばすことは幸せ

あーあ、久しぶりに歌った。
胸のつかえがみーんな取れた

杉本シズ

昭和三十九年に旅暮らしを終え、五十九年四月に住み慣れた高田（現上越市）から、〝胎内やすらぎの家〟へ難波コトミさんと一緒に入居した杉本シズさんは、淋しがって泣いてばかりいた。育て親の杉本キクイさんが亡くなり一緒でないから淋しいのだろう。シズさんに元気になってほしいと、知人が瞽女唄を歌ってみるように勧めた。すると、ようやくシズさんは、親方と旅回りをして瞽女唄を歌ったことを思い出しながら、三味線を弾き歌った。

**あーあ、久しぶりに歌った。胸のつかえがみーんな取れた**

シズさんは、心からそう思った。胸のつかえが取れて心が楽になったと。自分が一番やりたかったことをやると、心がスーッとしてさわやかになる。シズさんの場合は歌うことで心が浄化された。私たちもやりたいことを我慢しないで、大いにやればよい。その人に能力があるのに発揮していなければ、周りの人が少し背中を押してやればいい。そのことで、人が喜んでくれるのなら、何よりではないか。人の喜びを自分の喜びと思える人のところに幸せが舞い降りる。

15　温泉でリラックス

# 静かな夜の温泉が一番好きだった

杉本キクイ

瞽女さんと温泉は結び付かないようだが、湯治場が旅の行程にある場合もあった。

## 静かな夜の温泉が一番好きだった

旧能生町の能生谷にある島道鉱泉では「山菜が大好物で、静かな夜の温泉が一番好きだった」と杉本キクイさんは回想している。小谷温泉は長野県。糸魚川から湯峠を越えて一日がかりでたどり着いた。他にも松之山の兎口温泉、松之山温泉、長岡瞽女の関谷さんたちは、旧越路町の西谷鉱泉や魚沼の大湯温泉、秘湯の栃尾又温泉などにも泊まった。

出湯温泉に住んだこともある小林ハルさんは、山形の温泉にも泊まった。小玉川の泡の湯温泉だ。昭和二十三年には小野川温泉、赤湯温泉にも泊まり昼間は門付け、夜は軒付けなどをしたという。なぜ瞽女さんは温泉地と結び付くのか。「湯治場は、瞽女たちが疲れをいやす休養所であったが、また遊びながら稼ぎができたので、一挙両得の面をもっていた。これが越後瞽女を米沢・最上地方に引きつける要因の一つ」（鈴木昭英）だった。瞽女さんたちも、温泉の効能を大いに活用していたのだ。忙しすぎる現代人。温泉につかり、心も身体もリラックスしてじょんのび（ゆったり、のんびり）しよう。

16

親切はやがて自分に返ってくる

# 人は生きている間、人様には親切にしておくものだ

赤倉カツ

＊妙高赤倉温泉出身のため、赤倉瞽女と呼ばれた。

厳しい瞽女の戒律を破り、美人だったがゆえに男と関係を持ち子どもを四人も生んだ赤倉カツさんの言葉。瞽女は女の集団であり、男はご法度。関係を持ったことが知れた場合は年季の格下げや、離れ瞽女となる厳しい掟がある。離れ瞽女にはならないで済んだが、波乱万丈な瞽女の生涯を閉じた赤倉カツの言葉。

## 人は生きている間、人様には親切にしておくものだ

信州を旅したとき、カツはお腹が痛くなり寝ていた。そこに巡査がやって来て「旅の者で、もしお腹が悪いような人がいたら、決して泊めてはならぬぞ……」と言われ、巡査に見つかり宿を追い出された。やっと歩いていたら、農家の人がかわいそうに思い泊めてくれたという。翌年また信州を旅したとき、カツは「長い巡回で今まで、あんなに人の厚意が嬉しいと思ったことはなかった」と話したという。

親切にされて助かったカツだからこそ、心からこの言葉が出たのだろう。小さな親切をして、今日の一日を元気に心豊かに過ごせれば、それで満足である。

17　心が安定すれば、今日という一日が輝く

**誰もが苦しい時代だったが、人の心はやさしかったね**

小林ハル

「金も要らなきゃ　女も要らぬ　あたしゃも少し　背が欲しい」。こんな言葉が、昔流行ったことがある。現代なら「あたしゃも少し　心がほしい」だろうか。良寛さんの歌に、

「いかなるが　苦しきものと　問ふならば　人を隔つる　心と答へよ」がある。世の中で一番苦しいことは、人との心のつながりが無くなることだよーと。心の問題は時代を超えて常に中心にあるといってよい。

**誰もが苦しい時代だったが、人の心はやさしかったね**

これは、最後の瞽女といわれた小林ハルさんの言葉。瞽女になるための厳しい修行、そして、せっかく築いたと思われた瞽女業としての安定した生活が、戦争などによって崩れていく。空襲で焼けた長岡瞽女の館。辛苦をなめてきたハルさんは、それでも当時を「人の心はやさしかったね」と懐かしむ。

心に悩み事があっても、隣人や友人など人の心が優しく木霊《こだま》せば、今日という一日が輝く。人を隔てず、人を思うやさしさこそ今日を生きるための妙薬だ。

## 18　言葉は凶器にも元気の元にもなる

**旅で辛いのは雨や雪ではない。**
**辛い言葉をかけられることだ**

小林ハル

「あの人の言葉に傷ついた。あの人の言葉さへ聞かなければ」などと、人は言葉を恨む。半面「あの人の言葉に救われた。勇気づけられた」などの言葉も聞く。言葉は凶器にも元気の元にもなる。

一年の大半を、旅に費やす瞽女さん。村から村へ、一日十キロも歩く。時に難儀な峠も越えた。ようやく村に着いたのに「ごぜん坊、ごぜん坊」などとはやし立てられ、時には「乞食」などといわれ、石を投げつけられることもある。「乞食」の言葉は、石以上に重く痛い。心にずっと残るからだ。

**旅で辛いのは雨や雪ではない。辛い言葉をかけられることだ**

ハルさんの言葉。その苦しみを味わった人の言葉だ。親方からも、旅で辛辣な言葉をかけられた。「親方の『音色』が一番気がかりだった」という。

元気な言葉を自分や周りに取り込むことで、イキイキと生活できる。マイナス思考の言葉は使わず、プラス思考の言葉を使えばよい。朝の出発は、「おはよう」の言葉から。プラスの言葉を使える自分になれればしめたもの。

19　生涯自分の能力を発揮する

# 瞽女とにわとりは死ぬまで歌うものだ

小林ハル

生涯教育という言葉は、定着してきた。どこの講座でも高齢者、特に女性がイキイキと活動している。生涯自分の能力・個性を発揮して、人生を全うできれば本望だろう。

### 瞽女とにわとりは死ぬまで歌うものだ

ハルさんは実際に百歳を超えても、張りのある声で瞽女唄を歌うことができた。修行は、死ぬまで続くものだとの強い職人芸としての言葉だ。そう思うことで、脳も身体もそのようになってくる。剣道でも「生涯剣道」としての言葉がある。「すべからく老いは、剣を持って迎え打つべし」と。知り合いの剣士（範士）は、今年九十七歳。今でも面をつけて、相手に面を打たせてくださる。驚異的なことだ。私は、有り難過ぎて泣く思いで、面を打ち込んだ。面の中の鋭い眼は、「まだ甘い、打ちが弱い」と言っているように思えた。まさに自分の能力を、生涯発揮し続ける人生そのものだ。オリジナルな能力、個性に磨きをかけ続ける。瞽女さんが、瞽女唄の芸に徹する心構えと同じだ。

20　旅から得るものは大きい

# 考えてみると、六十数年間のほとんどは旅にあけ、旅に暮れた生活であった

杉本キクイ

「かわいい子には旅をさせよ」というが、今は物騒な時代だからひとり旅をさせず親も一緒に旅に出る。それは旅とはいわず旅行という。大学受験や卒業式まで、親が付き添う時代だ。

**考えてみると、六十数年間のほとんどは旅にあけ、旅に暮れた生活であった**

旅では瞽女宿にお世話になるのだから、相手に対して失礼があってはならない。身支度から言葉遣い、話題、相手に寄り添う心構えまでをも配慮する。出された食事も決して残さない。失礼があったら、来年の宿泊ができなくなってしまう。実際は旅とはいうものの、それは学びの場でもあったのだ。瞽女さんたちは、旅から人生を、生きていく術を学び取ったのだ。杉本キクイさんは、何と生涯の六十数年間を旅に明け暮れた。

旅は、定年を過ぎてからも本番だ。漫画本やスマホから目を離し、車窓の風景をゆっくりと眺め想いをめぐらす。すると、新しい人生のページが開けてくる。まだまだ長い人生の旅が続く。かわいい子もシニアも旅に出よう。

21　心を悲しませない

# 私さへ悪いことをしなければそれでいい

小林ハル

人が見ていなければ何をしてもよい。そんな風潮が現代を覆っている。それすら飛び越えて、聴衆の目の前でも悪いことを平気で行う人もいる。ハルさんは親方になった後も出会った人との関係などで、苦しい人生を強いられた。

## 私さへ悪いことをしなければそれでいい

「私が、俺が、なぜ悪いのだ」と普通なら言う。相手を責めるのだ。ハルさんは、他者への責任追求をせず、自分のなかにそれを背負い込む。現状を突き抜けて開けた境地なのだろう。そのとき、自分の心が悪いことをしていなければ、どんなに辛いことでも耐えることができる。これでよいのだと、自分を納得して受け入れる。信仰心に近い物すら感じてしまう。

私たちは、なかなかその境地にはたどり着けないだろうが、せめて現在の風潮に対して、「これは本当によいことなのか」と問う自己反省も必要だ。

自分の心が、少しでも素直になって生活できるようになればよい。私さへ悪いことをしなければそれでいいのだ。すると、心がにこりと笑う。

22

心通い合えば幸せ

**本当の親子だと思って、お互い心を合わせ**
**暮らされればそれでいいんだわね**

サワ親方

小林ハルさんは十六歳のときに、最初のフジ親方から「声が出ないから」と言われて、実家に戻された。その後に縁があり、今度はサワ親方の弟子となった。フジ親方からは、よくいじめられた。「ぼっこれヤカン」と言われ、馬だと言われた。盲と罵られた。手切れ金を取るために、ハルを自分から辞めさせせようと無理難題を押し付けた。それでもハルさんは、耐え抜いてきた。

しかし、二番目のサワ親方は違った。

**本当の親子だと思って、お互い心を合わせ暮らされればそれでいいんだわね**

今までのフジ親方とは、まるで違う。親子だと思って、自分を必要としてくれた。親身になって受け止めてくれたのだ。ハルさんの気持ちは安定した。サワ親方と一緒なら、安心して楽しく瞽女業を続けることができた。

親身になって自分を受け止めてくれる人がいれば、幸せである。よい関係になれば、仕事も楽しく一生懸命になる。心が通い合えば、張り合いある幸せな日々。

第二章の言葉の引用出典

13『瞽女さん　高田瞽女の心を求めて』杉山幸子／川辺書林　二〇〇三年
14『瞽女さん　高田瞽女の心を求めて』杉山幸子／川辺書林　二〇〇三年
15『越後瞽女日記』斎藤真一／河出書房新社　一九七二年
16『越後瞽女日記』斎藤真一／河出書房新社　一九七二年
17『最後の瞽女　小林ハルの人生』桐生清次／文芸社　二〇〇〇年
18『小林ハル　盲目の旅人』本間章子／求龍堂　二〇〇一年
19『最後の瞽女 小林ハル 光を求めた一〇五歳』川野楠己／日本放送出版協会　二〇〇五年
20『越後瞽女日記』斎藤真一／河出書房新社　一九七二年
21『最後の瞽女　小林ハルの人生』桐生清次／文芸社　二〇〇〇年
22『最後の瞽女　小林ハルの人生』桐生清次／文芸社　二〇〇〇年

# 第三章

# シンプルな生活で心すっきり

23　禅的な生活で心安定

# 瞽女の生活に、禅宗坊主の日常規範が生きているのである

水上　勉

瞽女さんの生活を覗いてみよう。高田瞽女の場合は共同生活だから、朝五時には起き、目が見えなくとも掃き掃除から棚の隅々まで雑巾できれいに拭く。チリひとつ落ちていない清潔な部屋となる。瞽女の守り本尊である弁財天に手を合わせ、朝食となる。朝食は野菜とご飯、味噌汁を中心としたヘルシーな生活だ。

## 瞽女の生活に、禅宗坊主の日常規範が生きているのである

禅坊主の経験がある水上勉氏の言葉。瞽女さんの生活は、まさに禅的な生活なのだ。国が提唱している「早寝、早起き、朝ご飯」のキャッチフレーズそのものの生活だ。

グルメ番組の目白押し、食べ放題、飲み放題の広告。ふくれた腹と反比例するかのように心が貧しくなり満たされない。すると不安になる。

メディア漬け、肥満、歩かない生活では、心身共に不健康となる。「瞽女さんはいつも歩いていたな」「早寝早起きだったな」と思えば、それをひとつの目標として、プラス思考で自分のなかに取り込むことができる。

24　自然に身をゆだねる

# 風が季節の音や匂いを運んでくれる

杉本シズ

目の見えない瞽女さんは、自然の変化や花の見分け方などわかりにくいと思うが、とんでもないことだ。〝胎内やすらぎの家〟で、杉山幸子さんと庭を散歩していたシズさんが「梅の花が三分咲きになっている」と知らせてくれた。杉山さんが、梅の木の近くに行ってみると本当に三分咲きだったという。

**風が季節の音や匂いを運んでくれる**

シズさんは続ける。「おら、見えない分を風がいろんな匂いを運んできてくれるんだよ。（略）いろんな花の匂いを風が運んでくれるすけ、見えなくても気持ちがうきうきしてくるんだよ」と。大自然の四季の変化を感じ取って「気持ちがうきうきしてくる」という。また、「秋には、稲穂が『実ったでね』と言ってるようにザワザワって音がして匂いが風に吹かれてくる」と。まさに自然と一体となった生き方だ。

四季の変化を目で、耳で、鼻で、皮膚、心で感じ取り、気持ちを安定させよう。自然は心を慰め、新たなエネルギーを生む。深呼吸をして自然の変化を楽しむ。

25　身だしなみは心を洗う

**どんな人にどこ見られているかわからんでしょ。だからとにかく身なりには十分気を付けたんだよ**

杉本キクイ

瞽女さんは、毎年旅まわりで瞽女宿にやって来る。村人たちは、目の見えない瞽女さんの行動を観察する。すると草鞋を脱ぎ上手に揃える。そして足を洗い、家に上がる。お茶を飲む姿も、健常者となんら変わらない。

**どんな人にどこ見られているかわからんでしょ。だからとにかく身なりには十分気を付けたんだよ**

その服装に乱れがない。村人は驚く。「子どもも大人も髪は綺麗に結っていてねえ、身支度が綺麗だったもんで、目が不自由だって思えなかったですに」と。

身だしなみは心の表れという。わざと破いたジーンズ。ぶかぶかのTシャツ。その服装も動きやすくリラックスでき現代的でよい。しかし正式な場では、身なりには十分気を付ける必要がある。失礼があってはならないからだ。瞽女さんは、身だしなみとは何かを私たちに教えてくれる。個人と公共の場との違いをわきまえて、自分に合った服装で自己表現を楽しむ。清潔感あふれる服装は、お互いの心をさわやかにする。

26　心に信じるものを持つ

**おら少しもおっかなくなんかねかった。**
**神様のそばだから**

小林ハル

新潟県三条市下田から、八十里越の峠道を歩いて南会津の叶津に抜ける。実際の距離は八里しかないが、険しすぎる峠道のため八十里もあるように感じるので八十里越と呼ばれた。十一歳の小林ハルさんは、この峠を親方の荷物まで背負わされて歩いた。ある日、南会津の集落にきたとき、親方から「すぐに迎えに来るからここで待ってろ」と言われて待ち続けた。しかし真っ暗な夜になっても親方は迎えに来なかった。

**おら少しもおっかなくなんかねかった。神様のそばだから**

小さな子どもを置き去りにして自分たちは宿でゆっくり休むなんて、信じられない親方だ。翌朝、村人に見つけられたときに言った言葉だ。「神様のそばだから」と信じる思いがハルを救った。（夜は木のそばで一晩過ごした）

心に信じるものがあれば、人は救われる。現代は神も仏も親も兄弟もなくなりつつある時代だ。だが信じ切ることによって、人の行動力や心持ちは不安に負けないで強くなり、耐えることができる。まさに信じる者は救われるのだ。

27　自分に合った真言を見つける

# オンアビラウンケンソワカ

小林ハル

「苦しいときの神頼み」の言葉があるが、人は苦しくなったり、もうどうしようもなくなったりしたときに「神様お願いします」と唱える。

小林ハルさんは、孫じい様から小さいときから心細くなったら、真言を唱えれば魔物は取りつかないと教えられ育てられた。

南会津で親方からなぜか訳もわからないまま、ひとり村の近くで置き去りにされ、親方が迎えに来てくれるだろうと待ち続けたが、夜になっても来なかった。二十六番でも紹介した「おら少しもおっかなくなんかねかった。神様のそばだから」と、信じるために実際に唱えた言葉とは、

**オンアビラウンケンソワカ**

大日如来に祈るときの真言だ。オンアビラウンケンソワカ・オンアビラウンケンソワカ・オンアビラウンケンソワカと、ハルさんは一晩中唱えたに違いない。真言は人を救う。自分に合った真言をみつけ、唱えることで人生が好転する。その素直な祈りの心を忘れない。

28　素直な心

すると、やはり、瞽女はまことにすばらしい
人間群であったのだ

斎藤真一

瞽女の画を描いた斎藤真一氏。瞽女に魅かれて、十五キロものリュックを背負い山道を歩いた。リュックの重さは、瞽女さんが背負った荷物の重さだ。少しでも瞽女さんに近づこうとした。杉本キクイさんを訪ね、たくさんの話を聞いた。そして瞽女宿を訪ねて歩き、宿の人から瞽女さんの話を聞いた。そこから生まれた瞽女の画は、人々の心を強く惹き付けて離さなかった。

**すると、やはり、瞽女はまことにすばらしい人間群であったのだ**

これが斎藤真一氏の、瞽女に対する結論だ。瞽女さんの生き方に、真の人間性を発見し、既に失われたものを持つその生活に心奪われたのだ。社会の底辺に位置すると思われた瞽女さんこそ、素晴らしい人間群であったのだ。昭和四十年代のことだ。

瞽女さんの生き方を、どのように今の生活に活かせばよいのか。

瞽女さんのように、人を思いやる素直な心に少しでも近づくのだ。丸裸で生まれてきた真っ新な心に戻る感覚で、今日という一日をスタートする。

29　ご馳走様

おいしくいただきました。大変ご馳走になりました

杉本キクイ

旅する瞽女さんは、そのほとんどを瞽女宿でお世話になる。高田瞽女の場合は、頸城方面、糸魚川方面、信州方面に瞽女宿が何百軒もあったといわれている。瞽女さんは、普段の生活は一汁一菜。魚類はあまり食べない。しかし瞽女宿で出された食事は、どんなものでも全部食べた。そして最後に、

**おいしくいただきました。大変ご馳走になりました**

と、手を合わせ、心からご馳走様と言った。

キクイさんは次のように話す。

「私たちは盲人ですから、一日でも他人様にご厄介にならないと生きていかれないのです。他人様を大切にすることが、私たちの生きる道なんですよ。どんなにつらくとも、他人様に失礼するようなことはできませんし、瞽女の世界はきびしく、わがままは許されないのです」と。

個人の好き嫌いが優先される時代だが、目の前に出された食事をいただき、心からご馳走様と言えば、心も安定する。食事は命をいただくこと。心から合掌。

30　正直な心を誉めてやる

**正直に一生懸命生きていれば、神様が見ていて必ずお陰をくださる**

杉本キクイ

杉山幸子さんは、瞽女さんの生活を次のように例えている。

「瞽女は道端に咲く小さな花のように思えてなりませんでした。踏まれても踏まれても自然の恩恵に感謝して、毎年時期が来れば精一杯花を咲かせ、道行く人々の心を和ませてくれる」。

瞽女さんの生活は、どんなに厳しくとも一日一日を精一杯生きていくことだった。その一生懸命な生き方が、人々に感動を与えた。


**正直に一生懸命生きていれば、神様が見ていて必ずお陰をくださる**

その生き方が正直であるから、なおのこと人々の胸を打つ。誰かが見ていなくとも、自分の正直な生き方をすればよい。見返りや恩恵を求めずに、一生懸命に生きているのだ。すると自分の行為を突き抜けて、神様のご加護が降りてくる。「今日も一日楽しく生きることができたなあ」と。

問題は、その心の在り様だ。正直な心を持ち続けることがいかに困難か。しかし瞽女さんはそれを実行した。同じ人間。少しでも正直な自分の心を誉めてやる。

31　常識を疑ってみる

家を出るときから裸足なら、途中で会うた
ぬかるみも温こうなるわいの

杉本マセ

瞽女さんは、冬道でも旅をする。越後は雪が深いから旅も難儀だ。初冬には霙も初雪も降る。特に峠では、雪になり易くすぐに積もってしまう。そのため長い旅の経験から、そこで得た知識が重要となる。

まだ子どものキクイさんは、冬の旅に出た。そのときに、猛吹雪となり足が冷たくて泣いてしまった。

**家を出るときから裸足なら、途中で会うたぬかるみも温こうなるわいの**

と親方から教わる。当時は草鞋を履いて歩いた。キクイさんは、冷たくならないように足袋を履いて旅に出たのだった。それなのに足が冷たくなって泣く始末。マセ親方は言う。「足袋など履いて出たから、今になって凍えてくる」と。

誰もが足袋を履いたほうが暖かいと思う。しかし瞽女さんたちは長い雪道の経験から、そのことを知っていたのだ。キクイさんは「ありがたい教えでございます」と感謝した。

常識では、物事はつかめない。常識よりも、長い経験から得たものが勝利する。常識をいったん疑ってみる。まさに経験こそ宝だ。

32　嘘をつかない

わたしらお金とるなんて気ないから、
こうして返しにきたのさ

杉本キクイ

人の物を盗んだり、隠したり意地悪したりすると、心が痛む。心が晴れない。キクイさんたちは、東頸城に旅したとき、歌ったお礼にもらったお米が重くなると歩くのが大変だから、お金と換えてもらった。そして隣村の瞽女宿に着いたとき、そのお金を数えてみると、お米の代金よりたくさんあるというのだ。

「黙ってりゃそれまでなんだけどさ。でもね。わたしにしれば神経とがめているでしょ」と気にかかる。戻るわけにもいかない。

そして一年後、お米とお金を換えてもらった宿の人に「これこれのお金で米売ったんだけど」、

**わたしらお金とるなんて気ないから、こうして返しにきたのさ**

と言ったら、宿の人は驚いて喜んだという。

キクイさんは続ける。「正直にさえしていれば、見捨てられることなんてないですからね」と。私たちも仰天する。この正直さこそ、瞽女さんの生き方なのだと。

心の重荷を取り払い、心をスッキリとして生きる。そのためには、誰も知らなくとも自分に嘘をつかず正直に生きる。瞽女さんの生き方は凄い。

## 33　見守られている安心感

誰もいなくたってちゃんと神様が見ているから、
怠けて遊んだりしているとばちがあたって、
おまえの体が動かなくなってしまうぞ

ハルの孫じい様

小林ハルさんは八歳のとき、唄の寒稽古をやり喉が痛くなり声が出なくなった。そのため、一ヶ月歌の稽古を休んだ。二月から家の中で歌と三味線の練習をした。ひとりで練習をやるわけだから、怠けようと思えば怠けられたはずだ。しかし、ハルは怠けなかった。それは、孫じい様が次のようにハルに言ったからだ。

**誰もいなくたってちゃんと神様が見ているから、怠けて遊んだりしているとばちがあたって、おまえの体が動かなくなってしまうぞ**

この状況は、誰にでも覚えがあるのではないだろうか。「誰も見ていなければ怠けてしまう」ことは、人間の本能のように思えてならない。その怠け心が頭をもたげると、物事がしっかりと身につかなくなる。しかし「神様が見ているから」と思えば、一生懸命に稽古に励むことができる。

「私にとって頑張れるもの」をはっきりと決めることで、グンと稽古に励むことができる。人は怠けたい心と同時に、とんでもなく頑張れる心の両面を持つ。見守られている安心感、それが張り合いにもなる。

第三章の言葉の引用出典


23「雪の中の瞽女たち」水上勉『新潟県文学全集』第Ⅱ期　第五巻／郷土出版社　一九九六年
24『瞽女さん　高田瞽女の心を求めて』杉山幸子／川辺書林　二〇〇三年
25『わたしは瞽女　杉本キクエ口伝』大山真人／音楽之友社　一九七七年
26『鋼の女　最後の瞽女・小林ハル』下重暁子／集英社　二〇〇三年
27『最後の瞽女 小林ハル 光を求めた一〇五歳』川野楠己／日本放送出版協会　二〇〇五年
28『瞽女―盲目の旅芸人』斎藤真一／日本放送出版協会　一九七二年
29『瞽女物語　斎藤真一の世界』斎藤真一／講談社　一九七七年
30『瞽女さん　高田瞽女の心を求めて』杉山幸子／川辺書林　二〇〇三年
31「雪の中の瞽女たち」水上勉『新潟県文学全集』第Ⅱ期　第五巻／郷土出版社　一九九六年
32『わたしは瞽女　杉本キクエ口伝』大山真人／音楽之友社　一九七七年
33『最後の瞽女　小林ハルの人生』桐生清次／文芸社　二〇〇〇年

# 第四章

# ひとりの人間——主体者として生きる

34　諦めは再出発すること

# 人間は諦めひとつ、諦めれば思うことない

小林ハル

小林ハルさんは、母親から厳しく躾けられた。目が見えないゆえに、大人になってから自分ひとりで生きていけるようにと、何事もひとりでできるようにと躾けられた。言訳、口答えなど許されず、「あい」（はい）と返事をするほかなかった。瞽女さんになってからも、親方から無理な難題を押し付けられた。そこでも「あい」と言って、じっと耐え忍んだ。また、親方になってからも、苦労の連続が押し寄せてきた。

## 人間は諦めひとつ、諦めれば思うことない

この言葉は、長い日々の苦労から生まれたもの。押し寄せる苦労に対して「どうしよう」や「いやだな」は通用しない。ならばどうするか。

「諦めれば思うことない」とは、諦め切ることで新たな出発ができることを意味する。禅語の「空」に近い心境だろう。

目の前の難題から逃れようとしても無駄なとき、それをしっかりと受け入れることで、再出発できる。瞽女さんはそれを教えてくれた。

瞽女さんという深い人生の実践者から、今こそ学べ。これも瞽女力。

35　人の役に立てるものがある

# 自分の唄で人をこんなにも喜ばすことができるのだ

小林ハル

瞽女さんの場合は、瞽女唄を上手に歌うことが何よりも求められた。ハルさんは、親方から「ぼっこれヤカン」（壊れた薬缶）とあだ名され、歌うことに自信をなくしていた。あるとき、親方がいないときに村人の前で歌うことになった。すると、村人から上手だねと誉められた。（後でそれが親方に伝わり、歌ってよいと許可をしていない唄を歌ったので、こっぴどく叱られたが）

**自分の唄で人をこんなにも喜ばすことができるのだ**

厳しい修行の末に、ようやく人様の前で瞽女唄を歌い大きな拍手をもらい、お金やお米をもらうことができた。そのとき、ハルさんの心はどんなにか嬉しかったことだろう。

ボランティアでもよい。自分の役割で、人様の為になっているという満足感。その行為をすることによって心が明るくなる。人が喜ぶと同時に自分も嬉しくなる。自己肯定感が持てると、元気が入道雲のようにもくもくと湧いてくる。プラスの連鎖だ。そのためにも、自分の特技を磨き続ける。

36　主体性をもって生きる

# 愛称として〝くそばばア〟というんですがね

小沢昭一

昭和四十九年一月一日号の「週刊ポスト」に、小沢昭一氏と詩人の松永伍一氏の「へそから下の発想」のタイトルで対談が掲載された。そこで瞽女さんについての言及があった。小沢昭一氏は、「長岡に三人だけ、いまもおそらく雪の中を歩いている。〝現役〟の瞽女さんがいます。ぼくはすごくりっぱだなという意味をこめて」

## 愛称として〝くそばばア〟というんですがね

さらに「元気いっぱいだ。声も大きい。よく食べる。第一、すばっしこい。眼がみえないはずなのにね。海千山千というか、知恵にすぐれたお婆さんたちです」「けっして屈辱じゃない、主体性を持っていますよ（略）哀愁なんか全然ない」と述べている。今までの暗いイメージを持たれがちな瞽女像が、がらりと変わる。

松永伍一氏は「それも民衆のエネルギーですね」と応じる。

主体性を持って、力強く生きた瞽女さん。瞽女さんには、生きる力が宿っていた。その不屈の明るさ、民衆のエネルギーを学び取ろう。瞽女力そのものだから。

37　与えられた世界に徹する

# 目のあいている人の語りは下手だなあー

杉本キクイ

キクイさんは、杉本家親方のマセさんと養子縁組をして、マセさんを親代わりとした。

マセ親方は、流行歌が得意だった。しかし、語り物（段物）はそんなにうまくなかったらしい。キクイさんが九歳のときに、マセ親方の語りを聴いて、

**目のあいている人の語りは下手だなあー**

と、心のなかで思ったという。七歳で弟子になってまだ二年しかたっていない。マセ親方は目が片方見える瞽女さんだ。キクイさんは十歳の春までに段物も覚えたという。十九歳のときには、一段が三十分もかかる段物を十五段まで覚えたというから、天才だと思ってしまう。

それは天才ではなく、激しい稽古の賜物だった。杉本家で一緒に生活する赤倉カツさんから習ったのだ。厳しい修行で怖くて仕方なかったらしい。十五段覚えることは、血のにじむような修行だったという。

自分の与えられた世界に徹し、自分の得意技を伸ばし続ける。

38 幸せは自分で決める

# 何が人の幸せかわかりません

牧野タケ

「目の不自由な瞽女は、気の毒な一生だったと思うのは、健常者の側の見方だ」と、瞽女ネットワークの高橋実さんは言う。目が見えないから不幸せだ。身体が不自由だから不幸せだとの見方は、他者からの視点。

牧野タケは、文久二年（一八六二）に旧小国町に生まれた。「目の見えないものが歳とれば、頼る所は実家しかない」と、実家に迷惑をかけないようにとたくさん稼いだという。「身ひとつで好きな所に行って見ず知らずの人に唄を聞かせて喜んでもらえる。目が見えなくても幸せな一生を送れる」の後に、

**何が人の幸せかわかりません**

と、タケさんは言う。実際には、目が不自由なために沢山の苦労があったことだろう。しかしながらタケさんは、精一杯瞽女さんという職業を頑張った。そしてそこに喜びと誇りを持っていた。

幸せは、自分で決める。そして自分の芝を青くするために日々精進する。

## 39 能力を限定しない

**目が不自由なのに唄も歌うし三味線も弾く。**
**人間は一生懸命になればどんなことでも**
**乗り越えられるんだぞ**

村人の親

一般的には、瞽女さんを自分たちよりも下の存在として捉える見方がある。「悪いことをすると瞽女さんにくれてやるぞ」「食べ物を粗末にすると瞽女さんのように目がみえなくなるぞ」などと、当時はまだ差別と偏見が入り混じっていた。

逆に、瞽女さんを畏敬の念―困難を凌いだ存在としてみる場合があった。

**目が不自由なのに唄も歌うし三味線も弾く。**
**人間は一生懸命になればどんなことでも**
**乗り越えられるんだぞ**

我慢が足りなかったり、努力しなかったりする我が子に言い聞かせるときの言葉だ。

「目の見えない瞽女さんが三味線を弾くのだから、目が見えるあなたは何でもできるはずだ。だから頑張りなさい」―という戒めのときに使われた。

瞽女さんも人間。同じ人間だからやればできるという励ましになる。自分のなかにある鉱脈を発見する。努力と忍耐もときには必要。休みながらでも、継続すればよい。そして、一生懸命を貫く。すると新たな視界が見え始める。

40　その場で花を咲かす

**おまん（あなた）は目が見えないから、アンマさになるか、それとも瞽女さになるか**

杉本キクイの父

杉本キクイさんは、六歳のときに麻疹にかかり、誤った医者の治療のために両目とも失明してしまった。その後、母親とお百度参りをしたり、名医に診てもらったりしたが、目が開くことは叶わなかった。

**おまん（あなた）は目が見えないから、アンマさになるか、それとも瞽女さになるか**

数えで七歳のときに父親からこう言われた。アンマの仕事か瞽女さんの仕事かと聞かされたキクイさんは、「三味線を弾いて歌う瞽女さんのほうがよい」と言った。何もわからないキクイさんの、一生を決めた瞬間だった。当時目が見えない人の仕事は、主にこのふたつくらいしかなかった。

杉本キクイさんは、瞽女という職業を選び、その運命のなかにきれいな大きな花を見事に咲かせた。昭和四十五年には国の無形文化財に指定され、黄綬褒章も受章した。それぞれの世界で一生懸命に生きること。瞽女さんの生き方は、それを教えてくれる。選択の場面は、必ず誰にでもやってくる。

41　正直は福を招き寄せる

# 人さまに施したほうが気持ちいいっていうもんさね

杉本キクイ

高田瞽女の場合は、稼いだ分を組合に申請し、子どもにも大人にも平等に分配された。旅に出た親方が高田に帰り「いくらでした」と申請する。申請する親方の良識が問われてくる。なかには正直に申請せず、少しくすねる親方もいたという。

しかし、キクイさんは、決して嘘はつかなかった。

**人さまに施したほうが気持ちいいっていうもんさね**

しっかり稼いだお金を、きっちりと申請する。するとそのお金は組合の皆のものになり、全体の瞽女さんのためになるのだから、気持ちがいいのだ。反対に稼ぎをくすねた親方は、やがて「おかしいぞ」とわかり、陰でこそこそと言われたそうだ。キクイさんは、反対に「ばか、お前みたいにばか正直いるか」などと言われたが「お陰で悪いこと言われなくてすむもの」と平気だった。人からは「あんなに働きある人もいないいな」と信頼されていた。

正直は福を招き寄せる。結局、正直な行為は周りの人たちから信頼され、本人にそれが福となってもどってくる。しかも人のためになるから、気持ちがよい。

42　戦争は人の心も変える

戦争っていうのは人の心もなんもすっかり
変えてしまうもんなんだね
戦争って……憎いね

杉本キクイ

戦争は、瞽女さんの存在を大きく揺るがした。戦争が終わり農地改革が行われ、瞽女さんの基盤であった瞽女宿がほとんど消滅した。瞽女宿は、庄屋さんのように財力があるところが多かったからだ。そのひとつが中頸城上田村にあった宮崎家。「大地主であった大旦那はやがて農地改革でほとんどの土地を手放すことになったのさ。あんなに旦那さま旦那さまって言っていた女中や下男までが、踵を返すようにこの家から去っていったんだよ」

**戦争っていうのは人の心もなんもすっかり変えてしまうもんなんだね**

**戦争って……憎いね**

さらにキクイさんは言う。「戦争ってのは哀しいね。戦争に行った人、内地に残った人、宮崎さんだって、小作人や女中さん、番頭だって戦争の犠牲者だよ」と。どんな時代であっても、戦争はいけない。戦ってはいけない。しかし戦争が無くなった時代がない。世界のどこかで今も戦争が起きている。

「戦争って……憎いね。」この言葉を全世界の一人ひとりが胸に刻みたい。

43 仕事とは、一分野のプロ意識で

# 唄が楽しいなんて思ったことは一度もない

小林ハル

自分が好きなことを仕事にできれば人生は幸せだと、今の人ならば言うだろう。しかし、瞽女さんたちにその選択は許されなかった。三味線を弾き、歌うことが仕事だ。あるいは、アンマさんか。当時は、そうでもしなければ目が見えない女性が、自立して生きて行くことはなかなかできなかった。

## 唄が楽しいなんて思ったことは一度もない

あれ、本当かなと思う。何十年も歌って自立してきたハルさん。この言葉の次に「どの唄好きということもない。仕事だすけ歌うだけだ」と続く。

「仕事だすけ歌う」がポイント。仕事とは報酬をもらえるということ。裏返せば、自立するために歌い、報酬がもらえたという自負心がそこにはある。つまり、三味線と唄という芸で身を助けてきたのだ。そう考えると、歌えることの喜びが、言葉の裏側にはきっとあったはずだ。

職業に貴賤はないという。ならば自分が関わる仕事に、専門の腕を磨き続けプロ意識を持つことで、生き生きとした人生を送ることができる。そのとき、周りからの視線は羨望に満ち、本人の瞳はキラリと輝いている。

44　感謝の気持ちを持つ

# どんなに辛いときでも祈りと感謝をすれば、必ず神様が守ってくれる

難波コトミ

近年高校野球などスポーツの優勝インタビューを聞くと、「周りの人に支えられて」などと感謝の言葉が述べられ、好感が持てる。「自分の力だけでやったのだ」と主張すると、少しがっかりする。

難波コトミさんは、少しだけ目が見える。旅では、瞽女さんの先頭を歩く「手引き」の役をこなした。また杉本家では、食事作りなどを主な仕事とした。最初に杉本家に預けられたとき、親も兄も反対で家に連れ戻された。しかしコトミさんは「三味線の音が忘れられなくて実家から逃げ出して杉本の家へ行った」と言う。

**どんなに辛いときでも祈りと感謝をすれば、必ず神様が守ってくれる**

何十年もの瞽女さんの生活で、苦しいときや辛いことがあっても、祈りと感謝をすれば、必ず神様が守ってくれると肝に命じて、生き抜いてきた。〝胎内やすらぎの家〟へ入居したときも「今になっても幸せに暮らせるのは母ちゃん（キクイ親方）のお陰だと思って感謝しているわね」と、その気持ちを忘れなかった。感謝の気持ちは、誰にでもできる心の行為だ。瞽女力が守ってくれる。

第四章の言葉の引用出典

34『鋼の女　最後の瞽女・小林ハル』下重暁子／集英社　二〇〇三年
35『最後の瞽女 小林ハル 光を求めた一〇五歳』川野楠己／日本放送出版協会　二〇〇五年
36『土俗の構図』松永伍一／河出書房新社　一九七七年
37『越後瞽女日記』斎藤真一／河出書房新社　一九七二年
38「牧野タケ女」吉岡実『越後郷愁―はさ木と雁木と瞽女さんと』国見修二、渡部等／新潟日報事業社　二〇一七年
39『瞽女さん　高田瞽女の心を求めて』杉山幸子／川辺書林　二〇〇三年
40『わたしは瞽女　杉本キクエ口伝』大山真人／音楽之友社　一九七七年
41『わたしは瞽女　杉本キクエ口伝』大山真人／音楽之友社　一九七七年
42『わたしは瞽女　杉本キクエ口伝』大山真人／音楽之友社　一九七七年
43『鋼の女　最後の瞽女・小林ハル』下重暁子／集英社　二〇〇三年
44『瞽女さん　高田瞽女の心を求めて』杉山幸子／川辺書林　二〇〇三年

# 第五章

# 人をそらさぬ勘の良さを鍛える

45　花の香りを楽しむ

# ありがとうございます。　いいにおいだ

中静ミサオ

忙しい毎日を生きる現代人。数値目標に追われ、休む間もない。日本の美しい四季の変化をじっくりと見つめるなんて夢物語か。

瞽女さんたちは、毎日が旅だ。目にはみえないが、季節の変化をしっかりと感じて、旅の慰めとした。

中静ミサオさんに村田潤三郎氏が「中静さん、菜の花ですぜ」と菜の花を持たせた。受け取ると顔に近づけて、

**ありがとうございます。いいにおいだ**

香りを楽しみ長いこと手にしていたが、その後懐に入れたという。

瞽女さんは、色はわからないが花の香りをいち早く知る。花の香りで種類を見分ける。

「いいにおいだ」と、中静さんが感じたとき、春の季節の到来を強く実感して喜んだに違いない。ほんの一瞬でもよい。立ち止まり咲いている花の香りをいただこう。人間も大自然の仲間。その色と香りで心が落ち着く。

46　人の気持ちを受け止める

# わたしはあんじょさんの気持ちと一番ふれあった

杉本キクイ

瞽女さんたちの役割は、瞽女唄を歌うだけではなかった。村人たちの話を聞いてやるのも大きな役目だった。特に農家のお嫁さんは、家父長制度がまだ強く残るなか、そこでの生活は我慢が強いられた。瞽女さんたちは演奏会が終わると、村人の悩みや愚痴を受け止める役割なども果たしていた。

### わたしはあんじょさんの気持ちと一番ふれあった

東頸城郡の月池という所に、お堂があり、あんじょさん（尼の住職）が住んでいた。昭和十八年ころだという。キクイさんたちは、ここに旅に来ると、このお堂を宿として二晩も三晩も泊まり厄介になったという。キクイさんは、このあんじょさんと心が一番ふれあったのだ。「この御堂の中で夜の更けるのを忘れて彼女と話した」という。ここには、人と人との強い心の邂逅と連帯意識があった。人間関係が希薄となった今日、この言葉をかみしめてみたい。人と人との関係は、生きることそのものだ。それは逃げずに構築すべきものだろう。そのために人の気持ちをしっかりと受け止め、心と心が触れ合うようにする。人生の喜びだ。

47　気兼ねなく生きる

農家が宿だから、まるで気安くて家族みたいにしてくれて幸せだった

杉本キクイ

大道芸人と瞽女さんとの違いは、宿泊場所にある。前者は旅館などで有料。瞽女さんは定宿……瞽女宿が各地にあり、無償で泊まれた。また、瞽女さんはよそ者の存在ではなく農家の人々にとっては心ゆるせる仲間のような存在だった。

**農家が宿だから、まるで気安くて家族みたいにしてくれて幸せだった**

と、キクイさんは、当時を振り返った。

「親方のマセさんなど、瞽女宿に行くと留守でも勝手に上って、お釜にご飯がしたててあれば火をつけてちゃんと夕御飯の用意をしてあげたし、風呂まで炊たいてやっていました」と。

瞽女さんと瞽女宿の人との、うらやましい関係が見えてくる。ちょうど実家で待つ親の所に、子どもが帰ったようなものだろうか。どこの瞽女宿でもそうはいかないが、こんな場面もあったのだ。その場限りの大道芸人との大きな違いである。気兼ねなく、心と心が通じ合っていれば、生きている喜びがふつふつと湧いてくる。

48 親身になって話を聞く

# ごぜさ親身になって聞いてくらっしゃるもの

松代町の主婦

「おらあ、ごぜさと一緒にねて、家のつらい話でもしたもんさ」

瞽女さんは、村人たちにさまざまな話題を提供し、お互いの心の交流を図った。特に雪国の農村では、辛い農作業や嫁姑の関係の苦しさなどから、瞽女さんにその悩みを語ることで、心の浄化がなされたという。

## ごぜさ親身になって聞いてくらっしゃるもの

「親身になって」がポイント。唄を歌って疲れていても、しっかりと心から主婦の愚痴話を聞いてくれる瞽女さん。それゆえ、語るほうは心を開き、本音を語る。

「ごぜさ、ござれば、ご馳走して、兄弟帰ったようりうれしゅうて……」「ごぜんぼう、来りゃあ唄うたわんかて、一緒にねて、夜中、しゃべったむかしが楽しゅうて……」斎藤真一氏は、この関係を「瞽女と瞽女宿に集まった村人たちとの魂と魂のふれ合い」と表現した。親身になって聞くことは、簡単そうでなかなかできない。まずスマホから目を離し、話す相手の気持ちをしっかりと受け止め親身になって話を聞く。すると、お互いに表情が和らぎ優しくなれる。

49　親心を察してみる

どんなにせつなくても、これが親心というもんでしょ

杉本キクイ

小林ハルさんと全く同じことを、杉本キクイさんも言う。

「両親が生きているうちはいいけどもさ、人間てのはいずれは死ぬのさ。順番からいけば両親のほうが先に逝ってしまうのはあたり前だろ。そんとき目見えんわたしはなんでもできんもの。なんか手に職をつけさせねばと思ったのさ」と。

子どものころは、親の心配なんかはよくわからない。しかし、ある年齢に達すると親の想いや願いが「ああ、このことだったのか」とわかってくる。そのときは、もう親はいないかもしれないのだが。


**どんなにせつなくても、これが親心というもんでしょ**

親心がわかれば、辛抱できる。

杉本キクイさんの両親は、キクイさんが大人になってしっかりと生活できるようにと、瞽女さんの道を歩ませた。キクイさんのことを案じてのことだった。

もう一度親心を察してみよう。「親の一生懸命さは、将来の私のためだったのだ」と思えればしめたもの。親心がわかれば、辛抱できる。

50　仲良く過ごす

**根本で、みんな仲良くするという考えが一番大切だと思います**

杉本キクイ

画家の斎藤真一氏が、杉本キクイさんにインタビューした。「最近の沖縄問題や日米関係、中国問題についてどうですか」と。（昭和四十五年頃）瞽女さんに対して政治情勢の意見を聞くことは実に珍しい。

瞽女さんは、目が見えないからテレビは持たない。ラジオから全国、世界のニュースを聞いた。その質問に、キクイさんは答えた。


**根本で、みんな仲良くするという考えが一番大切だと思います**

根本とは、一番の要ということ。何よりもまず身近な人から仲良くし、それがないとどんなに良いことを言ってもダメだと言う。

宮沢賢治の有名な言葉に「世界がぜんたい幸福にならないうちは個人の幸福はあり得ない」がある。キクイさんは、日本なら日本で内輪もめしていては、外交はうまくいかないという。まず、自分の国を大切にしてから初めて外交が活きると。まず、身近な人から仲良くし、それが拡がればよい。深い人生経験を知っているキクイさんの貴重な言葉。

第五章の言葉の引用出典

45『瞽女さは消えた—日本最後のごぜ旅日記』村田潤三郎／新人物往来社　一九八一年
46『越後瞽女日記』斎藤真一／河出書房新社　一九七二年
47『越後瞽女日記』斎藤真一／河出書房新社　一九七二年
48『越後瞽女日記』斎藤真一／河出書房新社　一九七二年
49『わたしは瞽女　杉本キクエ口伝』大山真人／音楽之友社　一九七七年
50『瞽女—盲目の旅芸人』斎藤真一／日本放送出版協会　一九七二年

# 第六章

# 畏敬の念を持つ

51　信じることの幸福

# 瞽女の百人米という

村人

「瞽女の百人米」と呼ばれるものが、越後一帯や信州、会津地方などにあった。瞽女さんは門付けのために一軒一軒を回り、歌い、そのお礼としてお米などをもらった。その集まったお米は、村人や農民などたくさんの人の手が加わったお米だから「瞽女の百人米」と呼ばれた。そのお米には霊力が宿り、子どもたちに食べさせると頭がよくなり、病気にかかりにくいなどと信じられ有難がられた。瞽女さんは集めた米を瞽女宿などに売り、それをまた村人が買い戻したという。

## 瞽女の百人米という

瞽女さんには、特別な霊力が宿っていると信じられていた。瞽女の百人米のほかにも、三味線の弦を煎じて飲むと安産になる、三味線入れの袋で服を縫って着せると健康になる。などと、その効力が信じられていた。

現代からこの「瞽女の百人米」を考えるとき、何も理屈はいらない。疑うことなく有難いものとして信じればよい。それはひとつのうらやましいことでもあり、生きることに前向きな姿勢だ。信じることは、素晴らしいことではないのか。

52　精が宿るお米

瞽女んぼさの米は精がよくて子供に食わせると
風邪ひかねだんがのう、不思議だのう

小国の村人

先の瞽女の百人米と同じ。長岡を中心とする中越地域でも、瞽女さんが集めたお米には霊力が宿り、食べると健康になるといわれてきた。

旧小国町の七日町という集落でのこと。金子セキさんが、「おらたちの米こは寄せ米だすけえ」というと、

**瞽女んぼさの米は精がよくて子供に食わせると風邪ひかねだんがのう、不思議だのう**

と、村の人が言った。皆そう信じている。寄せ米とは、門付けなどをやった家から、各々集めたお米のこと。そのお米を宿の人がまとめて買い取り、お金に換えてもらった。瞽女さんにとっては、荷物が軽くなって助かった。

門付けで、各家にあったお米を瞽女さんに渡したことで、そのお米に霊力が宿ったのだ。そのお米を食べれば、風をひかないで健康になると信じられていた。世の中には、不思議なことがある。お米に精が宿る。これも瞽女力だ。

## 53　心から出迎える

お蚕さんもよろこぶだいなあー、
さあさあお上がりないしー

信州小県郡の村人

特に信州や上州、会津方面、山形の米沢地方などでは、瞽女さんの唄を蚕に聴かせると、蚕が良く育つと重宝がられた。それゆえ、瞽女さんの来訪を心より歓迎した。瞽女さが来れば縁起がよい。病気が治る、蚕が丈夫に育ち、繭の上りがよいなどといわれ、その存在は、霊的なものを内包していて大切にされてきた。

**お蚕さんもよろこぶだいなあー、さあさあお上がりないしー**

瞽女さんを出迎える村人の表情が、目に浮かぶようだ。この瞽女さんの存在を私たちはどう見るべきか。霊的な存在、福の神、常世神として捉えることは簡単だが、素直に瞽女さんを迎えることができる心根を知ることこそ大切だろう。今はもう失われた心だ。しかし、心からその存在を肯定して、信じ切ることこそ、最も学ぶべきことではないのか。あふれる情報に振り回されている現代人。信じることを失った現代人。「さあさあお上がりないしー」と声を出し、瞽女さんの姿を思い浮かべ、現代に活かしていければ、心もまた率直になってくる。

54　畏敬の念

瞽女さん、桑の葉とりにきてくれないか

会津の村人

瞽女さんは、村人たちに畏敬の念を持って迎えられることがあった。信州や南会津、米沢などでは、瞽女さんが摘んだ桑の葉を蚕にやると、よい糸を出すといわれた。小林ハルさんは、その手伝いもやった。

**瞽女さん、桑の葉とりにきてくれないか**

だから、養蚕農家では瞽女さんが来ると、自分の家の桑の葉を採ってもらった。また、瞽女さんが食べた箸で蚕の幼虫を拾うと、やはり蚕がよい糸を出すといわれてきた。三味線の切れた糸を、蚕棚に下げておくのもよいとされ、蚕棚の近くまで瞽女さんを連れて行き、良い糸を出すようにと、唄を聴かせてくれと頼んだ。唄を聴くと、蚕が大きく育ち繭がよく上がるのだ。米沢では瞽女さんは養蚕の守り神と言われた。村人と瞽女さんとのよい関係が伺われる。

縁起がよいといわれた瞽女さん。幸福と喜びを持ってくる、福の神ともいわれた。福の神の瞽女さんをしっかりとイメージすれば、きっとご利益がある。瞽女さんは、今も私たちの心のなかを歩いているのだから。

## 55　人間の能力は秘めた力を持つ

**だって下駄の音聞けば、目がみえんかて、**
**月夜でも闇夜でもわかるわよ**

こさき

高田は雁木の街だ。いまでも雁木の総延長が、十三キロにもなる。雁木の下は石畳が多かった。瞽女さんたちは、その石畳の上を歩いた。石畳に杖を当て、石畳の形や窪みなどからどこの家の前だとわかったという。

## だって下駄の音聞けば、目がみえんかて、月夜でも闇夜でもわかるわよ

糸魚川へ旅したとき、ちょうど村の宵祭りだった。瞽女宿へ泊めてもらったが、真夜中に酒に酔った男がこさきの所に夜這いに来た。赤倉カツさんがその男を二度も追い返した。翌日その男の名前を言うと、村のおかみさんが「どうして誰が来たのかわかるのか」と尋ねたら、こさきがカツさんの言葉や振る舞いを思い出して、そう答えたのでたまげたという。「勘の良さ、記憶の良さは盲目ゆえに抜群」（松永伍一）という。普段の生活でも、下駄の音を聞けば誰だかわかるという。私たちもときに目をつむり、風の流れを草木の音を、素足で感じる足の裏の感覚を感じ取ってみよう。人間の能力は秘めた力を持つ。各々が持っている隠された能力に光を当てると、今までにない感動が味わえる。

56　手の感触を大切にする

**盲目の女たちは、米ビツに手を入れて、米の温かみで古米を知ることができた**

水上 勉

水上勉氏は瞽女さんの生活を知るために、高田瞽女の杉本キクイ家を訪ねた。話を聞くなかで、瞽女さんの驚くべき生活能力を知った。小説「はなれ瞽女おりん」の作品は、そのとき聞いた話もきっと役に立ったことだろう。

## 盲目の女たちは、米ビツに手を入れて、米の温かみで古米を知ることができた

手のひらの感覚のよさ。私たちは、米に手を当てても新米か古米かなど見当をつけようもない。ほんの微かな温みをも瞽女さんは感じ取る。そして古米かどうかを知る。その能力に驚かざるを得ない。私たちの手のひらの感覚はどうだろうか。また、こんな話もある。

「おまんの着物、いい柄だねー」とキクイさんが言うと、「あんた、柄まで解るかねー」と村人が驚いた。「ちょっとさわればどんな柄かわかりますがね」とキクイさんは平然と答えたという。

手は既に目の一部となっているようだ。心をこめて手を合わせる、とその感覚が蘇る。握手も含め、手の感触を大切にする。

57　人間の能力は凄い

前の娘の足音を聞けば、石ころがどっちにあり、
くぼみがどっちにあるぐらいは、はっきり解る

杉本キクイ

杉本キクイさんが山道を歩いていると、「姉さんの脚絆は、どうしてよごれないでそんなにきれいかねえ」と手引きの、きのえがよく聞いたそうだ。キクイさんは、山道や泥道を歩いても脚絆は汚さなかった。それは、なるべく手引きの背につかまらないで歩くから、汚れないのだそうだ。

**前の娘の足音を聞けば、石ころがどっちにあり、くぼみがどっちにあるぐらいは、はっきり解る**

と言う。凄いことだ。前を歩く人の足音で、歩く先のことがわかるのだ。さらにこう続く。「素手で（手引きにつかまらずにの意味）歩いたほうがずっと楽であった。山道など、つえをついてスタスタ登った」

いくら旅慣れているといえ、全盲のキクイさんは、スタスタと手引きに頼らず歩くのだ。瞽女さんは、手引きの背に手を添えて歩くのが普通と思ったら、このように前の娘の足音を頼りに手を離して歩くこともあった。

人間の能力は、凄いものを持っている。自分の持つ、その力を引き出す。

第六章の言葉の引用出典

51『瞽女さん　高田瞽女の心を求めて』杉山幸子／川辺書林　二〇〇三年
52『瞽女　橋本照嵩写真集』橋本照嵩／のら社　一九七四年
53『越後瞽女日記』斎藤真一／河出書房新社　一九七二年
54『最後の瞽女　小林ハルの人生』桐生清次／文芸社　二〇〇〇年
55『越後瞽女日記』斎藤真一／河出書房新社　一九七二年
56「雪の中の瞽女たち」水上勉『新潟県文学全集』第Ⅱ期　第五巻／郷土出版社　一九九六年
57『越後瞽女日記』斎藤真一／河出書房新社　一九七二年

# 第七章

# 修行は自分のため　人のためになる

58　修行と捉えることで楽になる

# 良い人と歩けば祭り　悪い人と歩けば修行

小林ハル

水上勉氏は、越後瞽女を評して「盲目の幼少時から、本一冊読んだことのない瞽女の口から、私たちが万巻の書をさがし求めても出てこない人生哲学が語られる」と書いた。

## 良い人と歩けば祭り　悪い人と歩けば修行

小林ハルさんの言葉のなかでも、三本の指に入る名言だろう。瞽女さんたちは、歩く仲間がその時々によって違う場合がある。当然良い人もいるし、意地悪な悪い人もいる。最初のフジ親方は、悪い人のほうで自分の荷物を持たせたり、瞽女宿で出されたご馳走を食べさせたりはしてくれなかった。二番目のサワ親方は良いほうの人であった。その後の人生のなかでも、良い人もいたし悪い人もいた。そんな瞽女さんの生活から生まれた言葉。

現代は、なかなか耐えることを知らない時代になった。上司が少し注意しただけでも、もう黙って辞めていく人が多い。少し待て。それでよいのか。同じことが繰り返されるだけだ。そんなとき、この言葉を思い出し修行と考えることで楽になる。それが自分の力となり、行き先に光が差してくるものだ。

59　寒稽古から学ぶものがある

# ありったけの声を出して怒鳴るように歌うわけです

小林ハル

瞽女さんの修行で一番つらいことは、寒稽古と呼ばれるものだ。

小林ハルさんは、七歳のときから寒稽古と称して朝五時から七時まで、また夜も初冬の信濃川の土手に立ち、唄の練習をやった。どんなに寒くても、休むことは許されなかった。

## ありったけの声を出して怒鳴るように歌うわけです

こうして歌声を徹底的に鍛え上げた。その努力のお陰で、百歳を過ぎても見事な声で瞽女唄を歌うことができた。今これをやったら、いじめに匹敵するだろう。しかしながら、寒稽古から私たちは学ぶものがある。人間はどうしても自分の意思だけでは、楽なほうに逃げてしまい、ひと回り自分を大きくすることができない。ではどうするか。寒稽古という形のなかに、自分の意思を入れ込むのだ。「自分のためにやるのだ」「もうひと回り自分を大きくするのだ」という自主性を入れて鍛えればよい。ハルさんは寒稽古をやりながら、身体がだんだんと温まってくるのと同時に声が出始めたことに気づいていった。努力なしで成功したものはない。寒稽古の良い所を、積極的に取り入れる。

60　教えてくれる人の心を思う

# 唄も三味線もおまん（あなた）の飯の種になるんだ

草間スギ

「私だけが注意され、私だけが恨まれる」「一生懸命やっているのに、また注意される」「もういやだ」と投げ出したくなる。しかし、まてよ。私に注意してくれるのは、私を一人前にしてくれるための愛の鞭なのだとは、なかなか気がつかない。

**唄も三味線もおまん（あなた）の飯の種になるんだ**

草間スギさんは、弟子のミサオに小さいころからこういって芸を仕込んだ。だからミサオはほかの人より唄をたくさん覚え、上手に歌い親方の言うことをよく聞いたという。「おまんのためだ。唄も三味線もおまんの飯の種になるんだ」の言葉を守って努力した。しかし残念ながら十七歳で結核で亡くなってしまった。

芸を自分のものにするためには、きっちりと学ばなければならない。教えてくれる親方の「厳しさの裏側」を考えることが必要。武道やスポーツでも茶道でもしかり。愛がその底辺になければならない。ただ憎しみがある体罰では、本末転倒だ。教えてくれる人の本当の心を思うことで、一層芸に磨きがかかる。

61　瞽女さんの歩く姿をイメージする

# おらの子どものころは、いいことも悪いことも、瞽女さの話をされたもんだわい

信州の村人

いつからか瞽女さんを知る村人たちは、自分の子どもや孫に悪い子にならないようにと、瞽女さんを例えに出すようになった。「お天道様がみてるぞ」「神様がみてるぞ」という場合と同じように「悪いことをすると瞽女さんにくれてやる」や、食べ物を粗末にすると「瞽女さんのように目が見えなくなる」と言われた。子どもが悪いことをしないようにとの戒め。これに対して、瞽女さんがたくましく生きる姿を例に「瞽女さんを見習って強くなれ」と、子どもに言い聞かせた。

**おらの子どものころは、いいことも悪いことも、瞽女さの話をされたもんだわい**

瞽女さんを見習って、強く生きてほしいとの願いがある。実際に目が見えない瞽女さんが長い道を歩き、きれいに履物をそろえ三味線を上手に弾いて歌う姿は、村人にとっては驚きであった。

約十五キロもの荷物を背負って瞽女さんは歩いた。その姿をイメージすることで、「よし、私もがんばるぞ」の意欲が湧いてくる。瞽女さんも私たちも、同じ人間だ。辛い修行に、負けるわけにはいかない。瞽女パワーが炸裂する。

62　覚悟を持つ

# 人の世話になるんだから、何でも我慢せ

小林ハル

瞽女さんは、村々の瞽女宿に泊まった。長いときには三カ月も続く旅だ。三人や四人の集団で行動するから、わがままは通らない。皆の迷惑になってしまう。

## 人の世話になるんだから、何でも我慢せ

丁稚奉公なんて言葉は、死語になった。「何でも我慢せい」も、今ならパワハラにあたるかも知れない。「人の世話になるんだから、何でも我慢せ」と自分のなかに「我慢できるか」と問うてみる。少しなら、あれくらいならと、限定する自分に気付くだろう。

瞽女さんは、人様の世話にならなければ生きていけない。その覚悟があるからこそ、「何でも我慢」できた。その覚悟こそ、今一番大切なことだ。何かを成し遂げるとき、覚悟があれば前に進める。そして、いやいやながら何かをやるよりも、覚悟を持つことで、心が吹っ切れて苦労もずっと楽になる。

この考えを日々の生活に生かすならば、小さなことでも「よし、やるぞ」と思うこと。それも覚悟。そして、プラス思考の小さな成功体験を重ね続ける。

63　芸を磨き続ける

# 必要とされなくなったら瞽女も人間も終わりなのだ

小林ハル

プロとアマとの違いとは、何かとよくいわれる。その答えは簡単だ。プロは報酬をもらえるということ。お金はこのとき、大きな意味を持つ。芸がお金と引き換えになる価値があるかどうかが、分かれ目だ。

## 必要とされなくなったら瞽女も人間も終わりなのだ

瞽女さんは、三味線と瞽女唄によるプロの職業だ。それによって生活を賄ってきた。それゆえ、甘さは絶対に許されない。だから、時間があれば芸に磨きをかけ続けた。必要とされなくなったとき、プロから転じて普通以下となってしまうかも知れない。プロ中のプロ、小林ハルさんの言葉。日常を生きる私たちは、プロ意識は持たないものだが、自分の好きな道、趣味などでは、より上手になりたいと願って、その過程を楽しみたいものだ。

自分の好きな道で、その芸を磨き続けることができたら、幸せな人生といえるだろう。「必要とされなくなったら瞽女も人間も終わりなのだ」をときに思い出し、怠け易い自分を奮起させよう。まだまだ、人間を終わらせないためにも。

64　親の愛とは何か

本当の親だからこそ愛情があるからこそ
親は厳しくしつけたのだ

小林ハル

小林ハルさんは、親から厳しく育てられた。母親はハルを預かるフジ親方から「自分のことは自分でできるようにしてほしい」と言われ、預けるまでの間に厳しく躾けた。目が見えないハルに着物が縫えるようにと、針の穴に糸を通せるように躾けた。又、着物の着付けや畳み方なども、きちんとできるように教え込んだ。ハルはその度に「もうできねえ」と泣き叫ぶ。母親は、それでもできるまでは許さなかった。時には頬をぶった。やらなければ、ご飯を食べさせなかった。

**本当の親だからこそ愛情があるからこそ親は厳しくしつけたのだ**

ハルは大人になって初めて、厳しく躾けられたことが母の本当の愛だったことを知った。そのとき、既に母は亡くなっていた。一生懸命や努力、頑張れなどの言葉がマイナスに聞こえがちな今日だが、本当にそれでよいのだろうか。甘やかされて育てられた子どもは、大人になってから苦しむ。親の甘さ、いや子育て放棄にも見える育て方が多い。本当の愛情とは何かを、ハルさんの言葉からもう一度考えてみたい。大人になったときの、生きる力をしっかりと養うためにも。

65　一心に集中する

# 一度聞いたら一度で覚えろ

小林ハル

小林ハルさんは、晩年に瞽女唄を習いたいという目明きの人に厳しく芸を仕込んだことがある。目が見えれば簡単に覚えられると思うが、結果は違った。

## 一度聞いたら一度で覚えろ

ハルさんは弟子たちに言う。

「あんた方は、唄の文句を字に書いておくすけ、瞽女唄を覚えられん。後でそれを読めばいいから雑作もないことだと思っているだろう。だから、なかなか覚えられないんだ。（略）自分でも寝ても起きてもそのことだけを考えて、余計なことを思わないようにしてきたものだった」と。

目が見えるから出きるだろうと思うと、どこかに油断ができる。その油断が、唄を覚えきれない。ハルさんから見れば、集中力が足りないといいたいのだろう。一心に横道にそれずに、集中しろと。「寝ても起きてもそのことだけを考えて」やってみろと。スマホやテレビから目を離し、余計なことを考えず、集中する時間を持つ。目が見えない瞽女さんの、集中力にあやかる。

66　自分の力を最大限に発揮する

# ザブンザブンという波音が恐ろしゅうて一生懸命うたいました

杉本キクイ

小林ハルさんも杉本キクイさんも、三味線と唄の稽古は厳しく躾けられた。瞽女さんは三味線と唄で勝負するプロだから、当然といえば当然だ。下手ならば、村人は迎え入れてくれなくなる。

その稽古は、旅をしながらも行なった。キクイさんたちは、高田から野尻湖を通り信州の山の中に入った。覚えないと野原に置いて行かれたり、「川に投げるぞ」などと、脅されたりしながら必死に唄を覚えた。

## ザブンザブンという波音が恐ろしゅうて一生懸命うたいました

野尻湖は結構大きな湖だ。そこには、瞽女さんの守り本尊である弁財天が祀られていて、この道を通るときには必ず拝むのだ。湖が大きいから、波音が聞こえてくる。そこに投げられる恐怖もあり、必死で唄を覚える。峠でも、三味線の稽古をさせられたという。自分の能力を最大限に発揮するには、何が必要か。自分だけでは、なかなかできるものではない。「やってみろ」という自分を乗り越えるための言葉も必要。そこで自分の強い意志が持てれば、しめたものだ。

67　今耐えて、次に活かす

# たとえおまえが悪くなくても、負けなければならないんだぞ

ハルの孫じい様

小林ハルさんには、姉がふたりいた。ある日、姉のミセがハルの寝間に来た。

「ハル、びょうガニくれようか」と言ったので、

「びょうガニ焼いたんだか」と言う、

「うん、おまえにひとつやるわ」と言って、姉のミセがハルの手のひらに乗せたのは大きなカニの甲羅だった。ハルが文句を言うと、「おまえみたいなの、それでたくさんだ」と言ったので、ハルはミセに飛びかかった。そこに孫じい様が入り、ハルを叱り、ハルは竹やぶに置き去りにされたという。目が見えない者が逆らっては、これからの世渡りに生きていけないと孫じい様が案じたからだ。


**たとえおまえが悪くなくても、負けなければならないんだぞ**

ハルはどんなに悔しかっただろう。ハルは孫じい様の教えを守り、その後けんかはしなかったという。当時はまだ差別意識が強かったが、ハルはこのことからじっと耐えることを学び、それを次の生活に活かした。時には、自分が悪くなくとも、耐えなければならない場面も出てくる。そのとき、ハルさんを思い出す。

68　稽古がものをいう

## やっぱり毎日稽古をしている人は、自ら上手になりなさるコテ

伊平タケ

瞽女さんの仕事を辞め、所帯を持ち子どもを育てた伊平タケさん。同じ瞽女さんの杉本キクイさんには、一回も会ったことがない。しかし昭和四十年ころになると、瞽女さんが、マスコミなどに取り上げられて話題になっていた。

杉本さんについてタケさんは、「杉本さんは、休むと（稽古を）どうしてもタルムからとて、今どきまあ門付けに行っても行がんでも毎日稽古してますと、いうてなさるが」との情報を得ていた。伊平さんは、もうとっくに三味線を弾いていなかった。

**やっぱり毎日稽古をしている人は、自ら上手になりなさるコテ**

自らの経験を踏まえて、このように話した。そして、

「オレそれが何十年も三味線なんか出したことないスケ、三味線弾くどきゃ、はさ木つかんだようで、何が何だと、ペンともいわせらんねえ」と、稽古をやっていなければとても三味線は弾けないといった。

三味線も唄も練習が必要だと、瞽女さんが瞽女さんを認めたのだ。自分もかつては稽古をしていたからいえる言葉だ。何事にも、継続した稽古が必要だという。

69　怖いものがあるということ

稽古しなけりゃ裏の木に縛るぞ、そうしりゃ
ムジナに食われるぞ

マセ婆さん

杉本キクイさんが杉本家に養女としてもらわれ、親方のマセさんからとても可愛がってもらった。しかし、三味線や唄の練習になると、やはり厳しい。キクイさんは、そのときのことを次のように思い出す。

「寒いし目が見えないから、覚えるのはなかなか大変なんさね。三味線の調子をちゃんと合わせるだけでも三年はかかるよ。子どものころは稽古より遊んでいたほうがそりゃいいんだけも」と。覚えが悪いと、マセ婆さんは脅す。

**稽古しなけりゃ裏の木に縛るぞ、そうしりゃムジナに食われるぞ**

物事を教え込むとき、本人の意思だけに任せておいて、大成できるに越したことはない。しかし簡単ではない。それで大人は「サンタさんが来ないぞ」「泥棒に連れていかれるぞ」などと子どもに「脅かしの例え」で悪いことをしないことや、継続することの大切さを教えてきた。虐待は絶対にいけないが、物事を身につけさせるためには、例えの言葉も有効だ。虐待でもなくパワハラでもなく、愛がその底辺にあることが大切。怖いものがあるということは、良い面もある。

第七章の言葉の引用出典

58『最後の瞽女　小林ハルの人生』桐生清次／文芸社　二〇〇〇年
59『最後の瞽女 小林ハル 光を求めた一〇五歳』川野楠己／日本放送出版協会　二〇〇五年
60『わたしは瞽女　杉本キクエ口伝』大山真人／音楽之友社　一九七七年
61『瞽女さん　高田瞽女の心を求めて』杉山幸子／川辺書林　二〇〇三年
62『小林ハル　盲目の旅人』本間章子／求龍堂　二〇〇一年
63『小林ハル　盲目の旅人』本間章子／求龍堂　二〇〇一年
64『小林ハル　盲目の旅人』本間章子／求龍堂　二〇〇一年
65『瞽女キクイとハル　強く生きた盲目女性たち』川野楠己／鉱脈社　二〇一四年
66『瞽女物語　斎藤真一の世界』斎藤真一／講談社　一九七七年
67『最後の瞽女　小林ハルの人生』桐生清次／文芸社　二〇〇〇年
68『聞き書　越後の瞽女』伊平タケ　編・鈴木昭英、松浦孝義、竹田正明／講談社　一九七六年
69『瞽女さん　高田瞽女の心を求めて』杉山幸子／川辺書林　二〇〇三年

# 第八章

# 自己肯定感を持つ

## 70　一度きりの人生を楽しむ

**せっかくこの世に生まれてきたがに、**
**精一杯楽しく生きなけりゃ損だが**

山田さん

〝胎内やすらぎの家〟に入居していた山田さんは、杉本シズさんと同室だった。とても明るい人だったという。瞽女さんの手引きをしていたこともあった。その後、目が見えなくなりアンマさんになったという。

**せっかくこの世に生まれてきたがに、精一杯楽しく生きなけりゃ損だが**

働き者の日本人は、多少後ろめたい気持ちにもなるが、いろいろなことを経験してきた山田さんだからこそ、「今を楽しく生きる」ことが何より肝心だと思うのだろう。

現実生活は苦しいこと、いやなことも多いが、それを嘆いてばかりいても始まらない。

「精一杯楽しく生きなけりゃ」とは、プラス思考である。寿命は誰にでもやがて訪れる。ならばせっかく頂いた命を、大いに燃焼させ一日一日を楽しみたい。日常生活のなかで、今私たちが生きているこの一瞬一瞬の時間を、楽しむのだ。空を流れる雲に、咲く花々に、川の流れる音に、集う人との会話にと。「楽しもう」という視点を得ることで、毎日の生活がぐるりと変わる。楽しめ、楽しめ。

71　存在があるという喜び

# 目の見える人は、生まれた日があっていいなあ

小林ハル

小林ハルさんには、兄とふたりの姉がいた。兄と姉は誕生日になると、ご馳走を作ってもらい祝ってもらったが、ハルの誕生日には何もなかった。「お前には誕生日は無いんだ」と母に言われ、ハルは「そうか」と納得していたという。「お前は人の世話になるのだから、自分から欲しがってはいけない」と祖父母に言われて育った。口答えは決して許されなかった。だから駄々をこねることは、五歳になったらもう言わなくなった。我慢がハルを包み込んだ。

**目の見える人は、生まれた日があっていいなあ**

この言葉は、外には発してはいない。言っても無駄なことはわかっているから。つまりハルが心のなかで思った言葉なのだ。（ハルさんが大人になって当時を回想しての言葉）本当は、自分の誕生日も祝ってほしかったと。それゆえ、一層悲しくなってしまう。

自分の存在があるということ。人に愛されているということ。平等に扱われているということ。そして、周りの人が喜んでくれるなら最高だ。

72　受け止めてもらえる人になる

# 桃上がれ　瞽女さん桃上がれ

信州の村人

杉本キクイさんたちは、梅雨のころからお盆前まで毎年、信州を旅した。飯山から豊野、長野、上田、小諸まで行き、さらに佐久から小海方面まで足を延ばした。一行が、小諸から佐久のほうに向かって歩いていると、

**桃上がれ　瞽女さん桃上がれ**

と声がかかる。もぎたての桃にかぶりつきながら、汗をぬぐう。キクイさんが佐久方面までの遠い旅に出たのは、十歳の夏だった。別の話では、小諸から一里ほどの所に三岡という桃の産地があり、そこで桃を買い、キクイさんはマセばあちゃんに食べさせたくて、重い桃を背負って高田まで帰ってきたという。

「桃上がれ　瞽女さん桃上がれ」この言葉から、瞽女さんたちと村人との良好な関係が浮かんでくる。毎年渡り鳥のように、同じ時季にやってくる瞽女さん。村人が瞽女さんを歓迎しているのだ。瞽女さんは、村人に受け止めてもらえる存在なのだ。この関係があるからこそ、長い旅が続けられる。

瞽女さんたちの真っすぐな生き方が、村人の心をつかむ。これも瞽女力。

73　親の一生懸命さを知る

# 親は娑婆の弥陀如来だ

杉本キクイ

＊親方のマセさんが言ったことをキクイさんが思い出して言った言葉。

杉本キクイさんは六歳のときに麻疹にかかりそれが原因で失明した。医者が、目を冷やすべきところ間違って温めてしまったのだ。その結果、光を失った。その後名医にも見放された母親は、杉坪薬師日光寺に身ごもったままお百度参りを決行し止められた。また、杉本家からお盆に里帰りするときには、父親が馬に鞍を付けてキクイさんを迎えにきてくれた。

## 親は娑婆の弥陀如来だ

その馬の上の小さなキクイさんを見て、親方のマセさんが言った。その言葉を聞いていたキクイさんは「子どもにはどんなことでもしてくれるでしょ。それを言ったらしいんだ。今でも耳に残っているよ」と、その言葉を言って懐かしんだ。

暴言、殴る、蹴る、食事を与えないなどの虐待が日々横行し増え続けている。親が子を思う想いは、必ず子に伝わる。その逆も真だ。怨みになってはいけない。親は親の務めをしっかりと行う。授乳時に子どもを見ずに、スマホに夢中なママが増えているという。子の頭をなでながら、話しかけてほしい。その愛情は子どもに伝わり、心がゆったりと安定する。頭をなでている母親の心も、安定する。

74　母の愛情は海よりも深い

# おら、おら母ちゃんに会いたい

杉本シズ

杉本シズさんは、母親と二歳で死別した。死別した母親の面影は、記憶にはほとんどないだろう。そして、七歳のときに杉本家の養女となった。キクイさんの元で愛情を注ぎ込まれながら、三味線や唄の練習を繰り返した。

## おら、おら母ちゃんに会いたい

〝胎内やすらぎの家〟に入居したシズさんの口から、この言葉が噴き出る。この母とは、親方のキクイさんのこと。シズさんにとっては、キクイさんが母ちゃんだ。大人になっても、母はいつまでも偉大な存在なのだ。「おら、おら母ちゃんに会いたい」と、口にすることで心の慰めとなる。母は、ふるさとなのだ。

「十億人の人に十億人の母あらむもわが母にまさる母ありなむ」(暁烏敏)

今、存命の母も、亡き母も、母は母としていつまでも心のなかに在り続ける。瞽女さんも例外ではない。母が恋しいのだ。心のなかで、母の懐に抱かれることによって、人は赤ん坊のように無垢な心身にもどり、再生することができる。母の愛情は海よりも深く、それを思う子の愛情も同じ。心の平穏がひとときでも満たされ、また次の一歩へと出発できる。母も父も、子への愛情を取り戻せ。

75　心が自分を知っている

自分の心さへ汚さなければ、人様の温かい真心が
見えて素晴らしい人に出会う

杉本シズ

生きるうえで、何よりも大切なものは心だ。心はお金や出世、色恋などにも誘惑されやすく、油断するとすぐに汚れてしまう。いつの時代も、心が一番問題だ。瞽女の杉本シズさんは、欲をスパッと切り捨てる。その潔さが見事。

**自分の心さへ汚さなければ、人様の温かい真心が見えて素晴らしい人に出会う**

この言葉の後には、

「どんなときでも悲観的にならず夢と希望をもって生きてほしい」と言う。

私たちはシズ瞽女さんに、励まされているのだ。そこに共感を覚えるのは、心が汚れていないシズさんがいるからだ。私たちは、自分の心が汚れているのを自覚している。ゆえにこの言葉をかみしめ、自分の汚れた心を少しずつ浄化していけばよい。自分の心が汚れていれば、人様の真心を見ることができないから。

真心が見えれば、素晴らしい人に出会えるとシズさんは言う。少しでも心を浄化させ、これから続く人生をゆっくりと楽しく、味わいながら進んでいけばよい。

## 76　底力を身につける

**打たれれば打たれるほど、はね返す力を身につけ、逆境をも明るさに転化させてしまうエネルギー……**

下重暁子

小林ハルさんや杉本キクイさんに会って話を聞いた人は、一同にその生き方に深い感銘を覚えた。人間存在のパワーに、触れるのだろうか。下重暁子氏もそのおひとり。祖母の実家が旧板倉町（上越市）で、高田瞽女の瞽女宿をやっていて瞽女さんのことも聞いていたという。〝胎内やすらぎの家〟に通い、小林ハルさんからいろいろと話を聞いた。

**打たれれば打たれるほど、はね返す力を身につけ、逆境をも明るさに転化させてしまうエネルギー……**

小林ハルさんの生き方を、このように表現している。ちょうど深い雪に埋もれても、春になればその雪をはね返す竹のようではないか。そのはね返す力に感動する。「かつての女たちは、みなそれを持っていた。（略）そのなかで磨き抜かれた美しさがあった」と、下重氏は記す。

「打たれてもはね返す力」は、瞽女パワーだ。逆境をも明るさに転化させる。

第八章の言葉の引用出典

70『瞽女さん　高田瞽女の心を求めて』杉山幸子／川辺書林　二〇〇三年
71『小林ハル　盲目の旅人』本間章子／求龍堂　二〇〇一年
72「思い出の高田瞽女」市川信夫『瞽女さん　高田瞽女の心を求めて』杉山幸子の歴史解説としての文章／川辺書林　二〇〇三年
73『わたしは瞽女　杉本キクエ口伝』大山真人／音楽之友社　一九七七年
74『瞽女さん　高田瞽女の心を求めて』杉山幸子／川辺書林　二〇〇三年
75『瞽女さん　高田瞽女の心を求めて』杉山幸子／川辺書林　二〇〇三年
76『鋼の女　最後の瞽女・小林ハル』下重暁子／集英社　二〇〇三年

# 第九章

# 福祉の視点で人間関係が好転する

77　陽気に生きる

ゴゴゴー、聞きなれねえカッコーが来たのし、
はい、こんにちは、まめでいたかい

金子セキ

昭和四十七年に橋本照嵩氏は、瞽女さんの写真を撮るために信越線の塚山駅からバスで小国町に来た。三人を探していると、三味線の音が聞こえ、手引きの関谷ハナさん、それに中静ミサオさん、金子セキさんの姿が見えた。橋本氏が近づいて「カッコー、カッコー」と声を出すと、

**ゴゴゴー、聞きなれねえカッコーが来たのし、**
**はい、こんにちは、まめでいたかい**

と、目の見えないセキさんが、応じたのだ。掛け合いである。橋本氏と三人の瞽女さんは、前からよく知っていたからこうして声をかけるときに、ふざけて「カッコー、カッコー」と呼んだのだ。

合流してからも「モウ、モウ」や「ワン、ワン」などもの真似をして村を歩いたという。この明るさ、この通じ合う関係は、うらやましい。瞽女稼業現役最後のころで、泊めてもらう宿にも苦労していた。

それでも底抜けの明るさをもって、今日という一日をしっかりと笑い、生きていく。心も体も、じょんのび、じょんのび、極楽だ。

78　正直が他人と自分を救う

**目の見えるもんが落として、目の見えないものに拾ってもらった**

米沢での旅の薬屋さん

小林ハルさんが二十四歳のときに、四人で米沢に行ったときのこと。山道の峠に休む場所がある。清水が湧き出ていて、薬屋さんも休んでいた。薬屋さんから仁丹をもらった代わりに豆をやり、話しながら休んだ。薬屋さんが先に立ち、その後ハルさんたちも行こうとすると、ガマ口が落ちていた。中を見るとお金や紙などが入っていた。薬屋さんに違いないと返そうと考える。泊まる宿に到着すると、何とそこに薬屋さんがいたのだ。

**目の見えるもんが落として、目の見えないものに拾ってもらった**

薬屋さんは、こう言って付け加えた。

「おまえさんの手に当たらないば、他人が拾って金だけとって投げられてしまえば、それっきりだった」と言って喜び、「命から二番目に大事なものを、おまえさんに拾ってもらったんだから、まずとってくれ」と、当時では大金をもらった。何だか昔話にあるような話だ。

瞽女さんの正直が他人を救い、そして自分にもそのご利益が戻ってきた。正真正銘の正直―これも大きな瞽女力だ。

79　自分のできることをしっかりとやる

**瞽女様、宿がないんだかね。ないようだったら百人泊めの宿を教えてやるわね**

米沢の村人

山形の米沢では、瞽女さんを大切にした。越後では四人、五人とまとめて泊めてくれる宿はあまりなく、ひとりやふたりに分散して泊まった。しかし、米沢では五人まとめて泊めてくれる宿があった。

**瞽女様、宿がないんだかね。ないようだったら**
**百人泊めの宿を教えてやるわね**

米沢では、瞽女さんは縁起がよい者、めでたい者といわれ大切にされてきた。「百人泊め」とは、縁起のよい瞽女さんを一年間で百人泊める宿のことをいう。だから、五人まとめて泊まるのは大いに歓迎した。「越後を歩くよりは米沢だち」といわれ、「うちの瞽女さま、うちの瞽女さま」と大事にされたのだ。

当然大事にされるから、瞽女さんのほうも唄を真剣に歌ったり、三味線の三の糸を土産に持って行ったりして、全力を尽くした。

この相互の良い関係が、また来年の旅を約束してくれる。

私たちの住む娑婆も同じこと。相手を思う行為を精一杯やれば、相手もしっかりと応えてくれる。この関係を大切にして、人生を好転させる。

80　瞽女さんから生きる力をいただく

そんな自分が情けなくて涙があふれてきた。
——もう一度生きてみよう

杉山幸子

瞽女さんの生き方を知って、驚く人は多い。旅を続ける姿や瞽女唄の練習、日常の生活などを知り、健常者が「参った」とひれ伏すのだ。まさにその生き方を知り、人生の転機となった人がいる。その人は杉山幸子さん。子どもを連れて直江津の海で死ぬつもりで乗った電車の中で、偶然瞽女さんの新聞記事を読んだ。

**そんな自分が情けなくて涙があふれてきた。―もう一度生きてみよう**

この言葉の前には「私は五体満足でありながら、今苦しさから逃げ出そうとして罪もない子どもを連れて死のうとしている」。子どもの命と母の命を、瞽女さんの生き方が救ったのだ。私たちの心身に眠る「生きる力」を覚醒させる力があったのだ。私たちの心身は、とんでもなく力強い未知の力を秘めている。瞽女さんの生き方を知ることで、それが目覚め本来の力を発揮できるようになる。

目が見えないというハンディを乗り越えて、平然と、しかもたくましく生きてきた瞽女さん。瞽女さんの生き方には、パワーが満載されていた。それが、瞽女力である。その姿に学べば、もう一度再出発できる。

81　悲しみのなかに美しさがある

# 私はこれほど美しい唄を聴いたことはありません

ラフカディオ・ハーン（小泉八雲）

瞽女唄を外国の人が聴いたら、どんな感想を持つのだろうか。

ギリシャ生まれの文学・民俗学者のハーンは、日本語をまだよく理解できなかったころに瞽女唄を聴いた。もちろん歌詞の意味はわからなかった。


**私はこれほど美しい唄を聴いたことはありません**

と、強く感じ入った。そして、

「その女の声には、人生の一切の哀愁と美が、いっさいの苦痛と喜びが、戦慄のようにまた小刻みに打ち震えていました」と、友人のチェンバレン宛ての手紙にその感激を記した。明治二十八年三月のこと。

瞽女さんが三味線に合せて歌う唄は、きっと世界に届く音楽ではないかと確信する。それは瞽女さんたちが、芸術に必要な、孤独な魂と絶え間ない努力によって勝ち得た芸が共鳴して醸し出す音だからだ。

幸いに今、瞽女唄をＣＤなどで聴くことができる。ひとり瞽女唄を、じっと聴いてみよう。その唄が、人としての生を目覚めさせてくれる。

82　心の目が真実を見る

# 心の目で見る瞽女そのものでした

杉山幸子

「とても簡単なことだ。ものごとはね、心で見なくてはよく見えない。いちばんたいせつなことは、目に見えない」（サン・テグジュペリ『星の王子さま』）

この言葉に出会うと、瞽女さんを思い出す。目が見えなくとも、人の心のなかがよく見えているから。

## 心の目で見る瞽女そのものでした

杉山さんは、杉本シズさんからいろいろな話を聞いた。そしてシズさんのことを、最後にこの言葉で締めくくったのだ。

瞽女さんは、旅を続けながらたくさんの人々と出会う。悪い人も良い人もいる。目が見えないハンディを乗り越えて、視力の代わりに〈心の目〉が人を見る。人の気持ちを、しっかりと受け止めることができたシズさん。人と人とが温かく結び合えることは、生きることの最高の喜びだろう。そのためにも、外見や言動ばかりに惑わされず、その人の心のなかをしっかりと見る必要がある。

心の目で、人の心を見た瞽女さん。心が曇っていれば、それはできない。心は目であった。それを濁らせないために、瞽女さんから学ぶ。

83　布施を施す実践者

瞽女唄を披露することで、多くの人を癒した行為は「布施」という仏の教えを実践してきたといえる

川野楠己

小林ハルさん、杉本キクイさんほか、たくさんの瞽女さんと会い、話を聞いて来られた川野氏。また瞽女宿のあった村々を訪ね、村人からも話を聞いた。お仕事として「盲人の時間」など、ラジオ番組の企画制作を二十五年担当された。

**瞽女唄を披露することで、多くの人を癒した行為は「布施」という仏の教えを実践してきたといえる**

この言葉のなかで注目するのは、「多くの人を癒した行為」だ。瞽女唄を歌いお米やお金をもらうだけの商売とは違い、聴く側に癒やし効果―心と心のふれ合いがあるのだ。瞽女さんが来ることによって、村人の心が癒される。それは仏教の世界での布施であるという。

「瞽女さんは布施を施すと」いう視点を持つことで、また新たな瞽女さんの世界が開けてきた。仏の教えの実践者なのだ。同時に、私たちも布施の視点を持ち、隣人に接すればよい。お互いの心が癒され、平穏な毎日が過ごせる。これも大きな瞽女力だ。

84　瞽女さんは生きた教育者

# 孫たちは小学校三年生と一年生だが、このふたりに生きた教育になっている

塩沢町の須藤さん

瞽女さんを泊めるようになって、その立ち居振る舞いなどに驚いたという。中静ミサオさんひとりを泊めたときの話。

瞽女宿の主人須藤さんは、中静さんの立ち居振る舞いや人との接し方、人柄などに感動したという。人としての、在り様のようなものを学んだようだ。

**孫たちは小学校三年生と一年生だが、このふたりに生きた教育になっている**

孫のふたりが中静さんの動きを見て、生きた教育になっていたという。ご飯のときも、一粒もご飯を落とさないし、おかずも決して残さなかった。そして「美味しいのー美味しいのー」と感謝しながらいただく。また、瞽女宿のおかみさんは、瞽女さんが食べやすいように料理を提供したという。

当時は、いろいろな人との交わりがあった。瞽女さんもそのひとり。瞽女さんの動きが、食事の様子が、接し方が生きた教育となったのだ。

瞽女さんは、生きた教育者でもあったのだ。その立ち居振る舞いや人との接し方などを私たちは、瞽女さんから学び日々の生活に活かす。

85　待ち続けている心

今も待っているての……俺らのごぜが来ない来ない、
と言って待っているての

金子セキ

太宰治に「待つ身が辛いかね。待たせる身が辛いかね」の言葉がある。普通だと待つ身が辛いようだが、待たせる身こそもっと辛いのかもしれない。

瞽女さんと瞽女宿、村人との関係も同じようなものだが、明るく期待が大きい待つ身と待たせる身だ。そろそろ、瞽女さんが来るかなと、村人は待ちわびる。反対に瞽女さんは、村人が待っているだろうなの心持ちになる。

**今も待っているての……俺らのごぜが来ない来ない、と言って待っているての**

瞽女さんを待っているのだ。そろそろ来ないかと。「魚沼のほうの人なんど、本当に待っていると聞きましたけど」と、セキさんは話した。

だんだんと、瞽女唄を聴かなくなってきた昭和四十年代の世間。そんななかでも「俺らのごぜ」と言って待っていてくれる人がいた。

待つほうも待たせるほうも、共に心に花が咲く。待つ身も待たせる身も幸せだ。このよい人と人の関係を、瞽女さんは示してくれた。

86　福祉の原点が瞽女さんの生活にあった

# 健常者と障害者がともに生きるノーマライゼーションが生まれていたのである

川野楠己

厚生労働省が提唱するノーマライゼーションの理念は「障害のある人が障害のない人と同等に生活し、ともにいきいきと活動できる社会を目指すこと」だ。この理念は、まさに瞽女さんと村人との関係そのものだ。障害者である瞽女さんは、三味線と唄で村人を喜ばせた。村人は、瞽女唄を聴きその代償としてお米やお金を与えた。共に、生き生きと活動した場面だ。

**健常者と障害者がともに生きるノーマライゼーションが生まれていたのである**

と、川野氏はいう。瞽女さんと、瞽女宿の関係も同じといえる。宿泊も食事もお風呂も全て無償。支え合う仕組みが既にできていたのだ。明治時代の初めには、越後だけでも約七百人もの瞽女さんがいたという。支え合っていたのだ。令和三年にパラリンピックが開催予定だ。障害者が、それぞれの能力を発揮して世界を感動させる。その関係を瞽女さんと村人は、百年以上も前から、作り上げていたのだ。瞽女力は、福祉力でもあった。

第九章の言葉の引用出典

77『瞽女　橋本照嵩写真集』橋本照嵩／のら社　一九七四年
78『最後の瞽女　小林ハルの人生』桐生清次／文芸社　二〇〇〇年
79『最後の瞽女　小林ハルの人生』桐生清次／文芸社　二〇〇〇年
80『瞽女さん　高田瞽女の心を求めて』杉山幸子／川辺書林　二〇〇三年
81『ラフカディオ・ハーン著作集』第十五巻「ハーンからチェンバレン宛書簡」
　ラフカディオ・ハーン／恒文社　一九八八年
82『瞽女さん　高田瞽女の心を求めて』杉山幸子／川辺書林　二〇〇三年
83『最後の瞽女 小林ハル 光を求めた一〇五歳』川野楠己／日本放送出版協会　二〇〇五年
84『瞽女さは消えた―日本最後のごぜ旅日記』村田潤三郎／新人物往来社　一九八一年
85『瞽女さは消えた―日本最後のごぜ旅日記』村田潤三郎／新人物往来社　一九八一年
86『最後の瞽女 小林ハル 光を求めた一〇五歳』川野楠己／日本放送出版協会　二〇〇五年

# 第十章 夢を持つこと

87　希望を失わない

次の世には虫になってもよい。
明るい目さへもって生まれてきたい

小林ハル

小林ハルさんの、一番有名な言葉といってよい。生まれて百日目で白内障になり失明した。瞽女さんとなってからも、どんな苦労をも受け入れながら生きてきた。何としても光が見える目がほしい。切実な願いだった。

**次の世には虫になってもよい。明るい目さへもって生まれてきたい**

目が見えることが、いかに大切か。耳が聞こえることが、いかに大切か。ベートーヴェンは、耳が聞こえなくなり絶望のなかでも作曲を続けた。また、聴力と視力を失ったヘレンケラーの行動力に仰天する。

特別な能力のない平凡な私は、光を失った瞽女さんの苦悩を想像するほかはないのだが。

ハルさんは、晩年に文化庁から「記録作成等の措置を講ずべき無形文化財」としての選定を受けた。国立劇場での公演もやり日の目を見た。それでも「次の世には虫になってもよい。明るい目さへもって生まれてきたい」と、光を求め続け次の世への希望を切願した。

88 願をかける

目が見えないのに鏡を持っているのが不思議でした

瞽女宿の人

瞽女さんは目が見えない。それでも身だしなみは、特に念入りに行なった。小ぎれいでさっぱりとして、清潔感を常に心がけた。瞽女さんが髪を結うときに、目の前に必ず手鏡を置くというのだ。目が見えない者が、鏡を見るという不思議な光景。目が見える人がその様子を眺めると、なぜ?と思う。

## 目が見えないのに鏡を持っているのが不思議でした

その様子を見ていた宿の人の、素直な気持ちから出た言葉だろう。

瞽女さんが鏡を用いるのは、今度生まれたときに、目が見えて鏡を使えるようになりたいという願い、祈りのためだ。

そうすると、その行為がいじらしくも思えてくる。次の世への祈りなのだ。その行為をすることで、「今、見えない目が今度生まれたときには、見えますように」と思うことで、心は安定する。

「神頼み」という言葉があり、正月に私たちは神社でお祈りする。祈りをすることで、確実に心が安定するから不思議だ。さあ、祈ってみよう。願をかけよう。

89

自由に空を飛びたい

今度生まれてくるときは白鳥になりたい

杉本シズ

シズさんは生まれたときから目が見えなかったから、色彩の世界を知らない。キクイさん、コトミさんと三人で最後まで瞽女を続けた。晩年をコトミさんと一緒に〝胎内やすらぎの家〟で過ごした。

**今度生まれてくるときは白鳥になりたい**

シズさんは目が見えないから白鳥は知らない。しかし、空を渡るときの「クオークオー」という鳴き声や、目明きの人が話す白鳥のこと……大きくて白くて集団で生活する渡り鳥ということは、知識として知っていたことだろう。

自分の境遇をしっかりと受け止めながらも、次に生まれるときには、目明きであってほしいと切に願う。それも家族仲良く集団で生活する白鳥に――。

目が見えるのが当たり前の生活をしていると、目が見えない人の気持ちを考えることができなくなる。一生目が見えなかったシズさん。それゆえ、心のなかで描く白鳥は、白くまぶしく輝き自由に羽ばたいているように思えてならない。

90　今の自分に感謝する

もしも、もう一度生まれかわれるんなら、
目明きの普通の娘になって毎日を送りたい

杉本キクイ

小林ハルさんは、

「次の世には虫になってもよい。明るい目さへもって生まれてきたい」と言った。

杉本シズさんは、

「今度生まれてくるときは白鳥になりたい」と言った。

そして杉本キクイさんは、

**もしも、もう一度生まれかわれるんなら、**

**目明きの普通の娘になって毎日を送りたい**

と願った。三人に共通するのは、皆「目が見えること」だ。三人とも、世に認められ幸福といえる瞽女さんたちだが、それでもやはり「目が見える」ことを次の世に願った。切実な願いなのだ。

目が見えるという当たり前のことを、時に振り返って目に感謝をする。身体に感謝する気持ちが、心安らかな日々の生活に繋がってくる。

91　本業ができる素晴らしさ

# また旅に出たい

関谷ハナ

関谷ハナさんは晴眼で、手引きと呼ばれる役をやり通した。いわゆる瞽女さんの道案内人だ。昭和三十四年から手引きとして、長岡瞽女の金子セキさん、中静ミサオさんと一緒に歩いて回った。ハナさんは、日本で最後の瞽女さんの手引きだそうだ。手引きとしての旅を、約二十年間務めたという。

**また旅に出たい**

昭和五十年、最後の旅のときにハナさんが言った。

旅は瞽女さんだけでなく、誰でもが憧れる。日常生活から離れ、非日常を味わう新鮮さが醍醐味だ。

しかし瞽女さんたちは、旅が仕事だった。仕事であっても、「また旅に出たい」と言う。瞽女宿や村人との心の繋がりを確かめ合い、そこにお互いの存在を見出すことができたからだ。

旅で本業ができる素晴らしさ。旅は心身を蘇らせてくれる。旅に出よう。瞽女さんが、歩く姿を連想しながら。

92 人間の持つ凄まじいまでの耐える力

# 彼女（ハルさん）の過酷なまでの生き様に強い衝撃を受けました

映画監督　瀧澤正治

瀧澤正治監督は、平成十五年一月「知ってるつもり」のテレビを観て、衝撃を受けた。最後の瞽女といわれた、小林ハルさんの放映だった。ご飯を食べていた箸がピタリと止まり、涙がこぼれ始めたという。

**彼女（ハルさん）の過酷なまでの生き様に強い衝撃を受けました**

「しかもその結末に、私は涙を止めることのできない心地よい感動を受けたのでした」と。

以来、越後瞽女の映画化を夢想し、令和二年とうとう映画「瞽女GOZE」を完成させこのたび公開となった。その心地よい感動とは何なのか。映画制作のために、各地を駆け巡り人々と会い、新潟のはさ木や雁木、美しい風景に感動しながら、映画が完成した。次々に襲い来る難題に耐え立ち向かうエネルギーたるや、小林ハルさんの過酷な歩みにも似ていた。映画を通じて「世界の人々に生きる喜びや楽しみを伝えたい」と切に願っている。瞽女力は映画をも作らせた。人間の持つ凄まじいまでの耐える力は、いざとなれば誰にでも備わっている。

第十章の言葉の引用出典

87『最後の瞽女　小林ハルの人生』桐生清次／文芸社　二〇〇〇年
88『最後の瞽女 小林ハル 光を求めた一〇五歳』川野楠己／日本放送出版協会　二〇〇五年
89『瞽女さん　高田瞽女の心を求めて』杉山幸子／川辺書林　二〇〇三年
90『わたしは瞽女　杉本キクエ口伝』大山真人／音楽之友社　一九七七年
91『瞽女さは消えた―日本最後のごぜ旅日記』村田潤三郎／新人物往来社　一九八一年
92映画「瞽女GOZE」公式サイト　監督・瀧澤正治

小林ハル・略歴　長岡瞽女
明治三十三年（一九〇〇）新潟県南蒲原郡旭村（現三条市）で出生する。

生後百日で失明、五歳で瞽女の親方に弟子入りする。

九歳で初の旅回り、新潟の下越、中越地方、南会津、山形の米沢などを旅する。

昭和四十八年（一九七三）に福祉施設に入所するまで瞽女として生きた。

昭和五十三年（一九七八）記録作成等の措置を講ずべき、無形文化財に選択される。

昭和五十四年（一九七九）黄綬褒章を受章する。

平成十三年（二〇〇一）新潟県三条市の名誉市民となる。

平成十四年（二〇〇二）第三十六回吉川英治文化賞を受賞する。

平成十七年（二〇〇五）四月二十五日、盲養護施設〝胎内やすらぎの家〟にて永眠一〇五歳。

杉本キクイ・略歴　高田瞽女
明治三十一年（一八九八）新潟県中頸城郡諏訪村（上越市）で出生する。

六歳のときに麻疹がもとで失明する。高田瞽女の杉本家に養女として弟子入り、七歳で初の旅回り、上越地方や長野県を旅しながら瞽女唄を歌う。

二十四歳で親方となり、組瞽女の組織を保つ。

昭和四十五年（一九七〇）記録作成等の措置を講ずべき無形文化財に選択される。

昭和四十八年（一九七三）黄綬褒章を受章する。

昭和五十八年（一九八三）自宅で永眠八十五歳。

## あとがき

ずっと気になっていた。瞽女さんの言葉が。

「次の世には虫になってもよい。明るい目さへもって生まれてきたい」

「人間は諦めひとつ、諦めれば思うことない」

「瞽女が重い荷物を背負って歩く姿は人生そのものだ」

瞽女さんや村人、瞽女さんの生き方に感銘を受けた人の言葉が、ずっと心に残っていた。健常者では計り知ることのできない世界にも関わらず、それが私の心に響き続けてきた。

瞽女さんの有名な言葉は、いくつか知ってはいたが、名が知られていない瞽女さんの言葉にも心打つものがあった。その言葉を聞いて、ウンウンと肯き納得できるものがたくさんあった。また、瞽女宿の人や村人たちが、瞽女さんと接するなかで発した言葉のなかにも、心に残るものがあった。

これらの言葉を集め改めて読んでみると、悩みながら生活している私たち現代人の心に、光がサッと差してくることがわかった。つまり、心が元気になるのだ。本来持っている人間性のようなものが、再生され回復してくるのだ。

私はそれを、瞽女力と名付けた。

その言葉のなかに、現代を生き抜くためのヒントがあった。

九十二の言葉を手掛かりにして、プラス思考することで、日々の生活が生き生きとできるようになると直感した。集めた言葉は、瞽女さんについて書かれた著書の中から、引用させていただいた。

この本は、瞽女さんの研究書ではない。誰もが身近に置いて、自分の人生を周りの人の人生を共に明るく充実させるためのものだ。

瞽女力によって、毎日を元気に送ってほしいと願う。瞽女さんも私たちも同じ人間。皆助け合って生きてきたのだ。

出版にあたり表紙絵と挿画を描いてくれた渡部等さん、題字の岡田凌雲さん、裏表紙絵と挿画のひぐちキミヨさん有り難うございました。また、瞽女の三部作となるこの本のためにご尽力いただいた多くの方々に、深く感謝申し上げます。

令和二年 初夏　　　国見 修二

参考文献


『最後の瞽女　小林ハルの人生』桐生清次／文芸社　二〇〇〇年
『小林ハル　盲目の旅人』本間章子／求龍堂　二〇〇一年
『最後の瞽女 小林ハル 光を求めた一〇五歳』川野楠己／日本放送出版協会　二〇〇五年
『わたしは瞽女　杉本キクエ口伝』大山真人／音楽之友社　一九七七年
『瞽女キクイとハル　強く生きた盲目女性たち』川野楠己／鉱脈社　二〇一四年
『瞽女うた』ジェラルド・グローマー／岩波書店　二〇一四年
『越後瞽女ものがたり　盲目旅芸人の実像』鈴木昭英／岩田書院　二〇〇九年
『鋼の女　最後の瞽女・小林ハル』下重暁子／集英社　二〇〇三年
『定本うたの思想―唄の救い・歌への挑戦―』松永伍一／新人物往来社　一九七〇年
『瞽女さん　高田瞽女の心を求めて』杉山幸子／川辺書林　二〇〇三年
『子守唄の人生』松永伍一／中央公論社　一九七六年
『土俗の構図』松永伍一／河出書房新社　一九七七年
「雪の中の瞽女たち」水上勉『新潟県文学全集』第Ⅱ期　第五巻／郷土出版社　一九九六年
『越後瞽女日記』斎藤真一／河出書房新社　一九七二年
『瞽女物語　斎藤真一の世界』斎藤真一／講談社　一九七七年
『瞽女宿を訪ねて　瞽女街道をいく』田辺周一／リーブル出版　二〇一六年
『思へばこの世は仮の宿』下重暁子／講談社　一九八四年
『瞽女―盲目の旅芸人』斎藤真一／日本放送出版協会　一九七二年
『瞽女　橋本照嵩写真集』橋本照嵩／のら社　一九七四年
『瞽女　盲目の旅芸人　安達浩写真集』安達浩／京都書院　一九九二年
『瞽女の四季』橋本照嵩／音楽之友社　一九八四年
『瞽女さは消えた―日本最後のごぜ旅日記』村田潤三郎／新人物往来社　一九八一年
『聞き書　越後の瞽女』伊平タケ　編・鈴木昭英、松浦孝義、竹田正明／講談社　一九七六年
「牧野タケ女」吉岡実『越後郷愁―はさ木と雁木と瞽女さんと』国見修二、渡部等／新潟日報事業社　二〇一七年
『ラフカディオ・ハーン著作集』第十五巻「ハーンからチェンバレン宛書簡」ラフカディオ・ハーン／恒文社　一九八八年

## ■著者略歴

**国見修二**（くにみしゅうじ 一九五四年～）

新潟県西蒲原郡潟東村（現新潟市）生まれ
上越教育大学大学院修了
日本詩人クラブ会員
上越詩を読む会運営委員
文学講座けやきの会講師
高田瞽女の文化を保存・発信する会理事
全国各地で画家の渡部等と詩画展を開く
瞽女や文学の講演を各地で行う
剣道七段

住所　新潟県妙高市石塚町一の九の一
E-mail　k.shuji@snow.plala.or.jp

［主な著作］

詩集　『鎧潟』（土曜美術社）
　　　『雪蛍』（よっちゃん書房）
　　　『瞽女歩く』（玲風書房）
　　　『瞽女と七つの峠』（玲風書房）
　　　『詩の十二ヶ月』（上越タイムス社）
　　　『剣道みちすがら』（体育とスポーツ出版社）
　　　『母守唄 母は焚き木です』（玲風書房）
言葉集『若者に贈る言葉』（玲風書房）
詩画集『ふるさとの記憶―祈り』画・渡部等（上越タイムス社）
著述集『越後郷愁―はき木と雁木と瞽女さんと』
　　　共著・渡部等（新潟日報事業社）

青海音物語「石の聲・記憶」原作
組曲「妙高山」作詞
小学校、高校の校歌を多く作詞
新潟日報に「越後瞽女再び」「残したい越後郷愁のはさ木」
「越後郷愁雁木を歩いた人々」を連載
千代の光酒造焼酎「雪蛍のさと」のラベルに詩が採用
映画「瞽女GOZE」チラシに詩が掲載

カバー画表　渡部等　作品名《風強き日に》
カバー画裏　ひぐちキミヨ　作品名《瞽女の旅支度》
挿画　渡部等
　　　ひぐちキミヨ

# 瞽女《ごぜ》力入門

二〇二〇年七月十五日　初版発行
二〇二一年五月十三日　第二刷発行

著　者　国見修二
発行者　生井澤幸吉
発行所　玲風書房
東京都北区東十条一-九-一四
電話〇三-六三二二-七八三〇
URL https://www.reifu.co.jp

制　作　クリエイティブ・コンセプト
印刷・製本　株式会社　三進社

ISBN978-4-947666-80-2 C0095